"반찬등속"의 고향

청주 상신동의 100년

강광희 저

진샘미디어

글을 시작하며

청주 상신동은 나의 고향이다.

1934년 그곳에서 출생하여 초등학교, 중·고등학교와 대학은 물론, 첫 직장인 충청북도 도청도 거기에서 다녔다. 물론 결혼도 그곳에서 했다. 그러다가 1958년 체신부로 직장을 옮기면서 처음으로 고향을 떠나게 되었다.

고향을 떠나 온지 58년이 지났지만 나는 여전히 고향이 사무치게 그립다. 지금도 꿈을 꾸면 여전히 나는 내 고향에서 살고 있고 그곳의 산과 들에서 뛰어 놀고 있다. 꿈 속에 등장하는 사람들과 상황은, 늘 현재와 과거가 뒤섞여 있지만 이상하게도 장소만은 늘 고향인 청주 상신동에서 벗어나지 못한다. 어떻게 보면 숙제를 다 마치지 못해 전전긍긍하는 초등학생처럼, 고향을 위해 할 수 있는 일은 찾지 못한 채 그리움만 챙기고 있었다.

2011년 6월 나에게 뜻밖의 사건이 생겼다. KBS 청주 방송국에서 전화가 왔을 때 나는 소일거리로 운영하고 있는 천안의 밭에서 일을 하고 있었다.

"강광희 선생님 댁에서 전통적으로 내려오는 김치와 가물치회에 대해서 인터뷰 요청을 드리고 싶습니다"라고 방송작가가 이야기를 했다.

'어려서부터 우리집 김치 양념은 여느 집과 다르다. 생조기를 넣는다', '어려서 아버님과 가물치를 잡아 회를 만들어 먹었다' 등의 기억에 대해 자세하게 설명했다. 며칠 후 인터뷰 약속을 하고 천안 밭으로 촬영을 하러 온 방송국 제작진은 복사본 하나를 보여줬다.

방송국에서 보여준 자료는 민속박물관 연구원 권선영씨가 쓴 연구논문이었다.

그녀는 국립민속박물관에서 발견된 한글 조리서 〈반찬등속〉에 관한 논문을 썼다. 그녀의 논문에 의하면 이 한글 조리서는 20세기 초 일제 강점기 때 쓰여진 한글 조리서로 청주 상신동에서 쓰여졌다고 한다. 그리고 취재해 본 결과 저자가 우리 할머니로 추정된다는 것이다.

방송국 제작진이 떠난 뒤 나는 내 고향과 우리 조상에 대하여 너무나 모르고 있었다는 사실과 그 반찬등속을 왜 우리 집, 더 넓게는 상신동 밖으로 내보내게 되었느냐를 자책하기 시작했다. 결국 권선영씨를 만나 보충 설명을 듣고서 상신동 사람 모두가 무지해서 생긴 일이라는 결론을 얻고, 청주반찬등속보존회를 만들었다.

그러나 보존회를 만들었다고 모든 책임을 면할 수는 없었다. 조상님들에게 죄송하고 먹고살기에만 급급했던 지난날을 반성하며, 〈반찬등속〉이 처음 쓰여졌던 그 시기를 그나마 비슷하게라도 기억하고 있는 나와 주변 사람들이 더 늙기 전에 이야기를 모으고, 자료를 정리하고 싶었다. 그 일환으로 우리 상신동 사람들이 기억해야 할 소중한 마을 역사를 먼저 정리하기로 하였다.

그러나 내 나이 80이 넘어 언제 명이 다하게 될지 알 수 없어 우선 정리된 자료만이라도 기록 보존하고자 서둘러 이 책을 출판하게 되었다.

이 책을 만드는 데 도움을 준 종희형, 종질 종원, 건원, 일원, 원모, 유봉순 형수님 등 여러 사람의 아낌없는 지원에 감사드리면서 기회가 있으면 더 많은 자료를 모아 보존하고 싶다. 그리고 처음 〈반찬등속〉에 관한 논문을 쓴 권선영씨에게도 감사를 전하고 싶다. 물론 가장 고마운 것은 나의 아내다. 글이 막힐 때마다 냈던 나의 역정을 감사하게도 다 받아주었다.

2016년 4월 29일

저자 강광희

목차

제1편 상신동의 환경

제 2 편 100년의 흔적

제 3 편 생활문화

제 4 편 생활환경의 변화와 대책

제1편

상신동의 환경

제1장
자연환경

제1절 지리적 환경

상신동은 청주시의 중심부(중앙공원)에서 서북쪽으로 약 6km 정도인 북위 36도 40분, 동경 127도 26분 30초 주변 지역으로 면적은 1.81km^2이다.

동쪽은 원평동, 동남쪽은 화계동, 남쪽은 외북동, 서쪽은 내곡동, 서북쪽은 신대동과 접하고 있으며, 북쪽은 오창읍과 미호천을 사이에 두고 접해 있다.

청주시는 좌표 상 북위 36도 38분, 동경 127도 29분선의 교차점을 중심으로 발달한 충청북도 도청 소재지이며, 충청북도의 산업, 경제, 교육, 문화의 중심지다.

청주분지는 금강의 지류인 미호천과 미호천의 지류인 무심천 유역에 발달했다. 청주를 중심으로 진천, 증평, 세종시 지역에 충북 최대의 평야가 있다.

청주지역의 산은 상당산(419m), 선도산(547m), 우암산(338m), 부모산(232m), 팔봉산(291m), 노고봉(305m) 등이 있으나 전체적인 지형은 동남쪽은 높고 서북쪽은 낮은 구릉형 지형을 이루고 있다.

청주의 중심부를 관통하고 있는 무심천은 선도산에서 발원하며, 미호천은 음성군 금왕면 마이산(해발 471.9m)이라는 설과 경기도 안성시의 칠장산(491m)이라는 설이 있다.

미호천은 많은 지류가 있다. 상신동과 관계가 있는 지류인 석남천(막내개울)은 석곡동에서 발원하여 신촌동에서 미호천과 합류한다. 석남천은 석판동에서 발원한 가경천과 복대동에서 합류한다.

무심천과 미호천은 까치내에서 합류하며 합류지점의 하상은 무심천쪽이 높았으나 직강공사와 작천보 언제 개축공사 후에는 그 차이를 알아보기 어렵게 되었다.

청주와 상신동의 기후는 차령산맥의 남쪽과 소백산맥의 북쪽 사이의 분지형 내륙에 있기 때문에 내륙성 기후이며 독특한 형태를 이루고 있다.

청주의 연평균 기온은 11.3도(전국평균 11도)이며, 연평균 강수량은 1,200mm 이상이다. 여름철 강수량은 약 50% 정도인 600.5mm로, 여름철(7~9월)에 많은 비가 내리고 겨울철에는 강수량이 79mm 정도 밖에 되지 않는다.

상신동 계곡에는 하천이 없었다. 방죽 밑까지는 배수가 되는 도랑이 있었으나, 큰 샘거리 부근에서부터는 빗물 배수로 없이 삼방축 구레의 낮은 논으로 흘러 비가 많이 오면 그 논의 물고부근의 농작물 피해가 있었다. 하지만 경지정리할 때 중앙 배수로를 만들어 지금은 비가 와도 농작물의 피해는 없게 되었다.

제2절 자연

상신동은 청주분지의 중심부에 위치하며, 남쪽은 비산비야(非山非野)형 지형이고, 북쪽은 평야지대다. 가장 높은 산이래야 해발 100m도 안 되는 구릉지로, 큰 산이 없기 때문에 나무가 귀하고 개울이 없다.

상신동의 산맥을 찾아보면 부모산을 주산으로 산맥이 남쪽으로 가다가 석곡동 부근에서 동서로 뻗는다. 동쪽으로 뻗은 산맥은 충북대학교 동쪽에서 북쪽을 향하여 뻗어 운천동을 지나, 월명산과 화계동을 거처 서북쪽으로 뻗어 삼방축을 이루는 산맥과 화계동을 지나 북쪽으로 뻗어, 원평동과 경계를 이룬 산맥이 좀 높고. 청주 테크노폴리스 진입로공사로 발굴된 청동기시대의 주거유적이 발굴된 산이 가장 높은 산이다. 화계를 지나 서낭댕이 근처에서 동쪽으로 뻗어나간 산맥은, 해발 60m 미만의 구릉지로 문암동 끝(무당바위 근처)에서 멈춘다.

상신동에는 바위가 없다. 장둥과 삼방축을 빼고는 큰 돌도 없다. 사방공사를 하기 전에는 삼방축 골짜기(산사태로 생긴 골짜기)에는 붉은 황토에 묻혀 있던 차돌인 호박돌이 많았으며, 지각운동에 의하여 깊이 묻혀있던 퇴적층이 지각운동으로 융기하고, 풍화된 것이 아닌가 생각된다.

청주지방의 지질에 대한 각종 자료를 살펴보아도, 상신동 주변의 토양은 들판(미호천변)은 퇴적층이고, 나머지는 화강암 풍화층이 5~10m 정도 된다는 보고는 있으나, 지각운동과 융기와 같은 이야기는 없다.

상신동의 뒷산, 즉 장둥과 삼방축으로이어진 산맥의 정상부분은 모두 평평하고, 그 높이도 거의 같다. 산사태가 나기전의 삼방축은 장둥과 같은 평면일 수도 있었겠다고 짐작된다.

상신동의 북쪽에 있는 미호천은 동에서 서로 흐르고, 청주 시내를 거쳐 남에서 북으로 흐르는 무심천은 까치내(토성동 근처)에서 합류한다. 상신동에서는 무심천을 "암내", 팔결 쪽에서 오는 미호천을 "숫내"라고, 옛날부터 부르고 있다. 홍수 때 암내가 이기면 풍년이 오고, 숫내가 이기면 흉년이 든다고 했다. 아마 무심천 물이 많으면 팔결 쪽의 물길을 이겨 강의 흐름을 오창읍쪽 으로 만들어, 하천 직강공사 완성 전에는 까치내 건너들에 많은 피해가 있었을 것이고, 반대로 숫내 물이 암내 물을 이기게 되면, 하천의 흐름이 지게바위에서 똑바로 흐르다가, 벌독징이 끝에 있는, 청룡뿔이 바위에 부딪치며 무심천물과 합류하여, 그 힘으로 상신동의 큰샘거리에서 용틀임을 하면서 많은 웅덩이(큰샘거리 웅덩이 10여개)를 만들었을 것이다.

상신동에서는 가장 큰 피해를 준 홍수로는, 을축년(1925년) 장마를 친다. 그 때까지는 구 제방이 있었고, 하상도 현재보다 높고, 강의 흐름도 사행(꾸불꾸불)이었다. 무심천의 하상이 미호천보다 높았기 때문에, 1925년 7월의 홍수가 서울과 경기지

방에 많은 피해를 주고, 미호천의 상류인 경기도와 충북의 북쪽에도 비가 많이 내려 그 물이 미호천으로 흐르게 되니, 상대적으로 비가 적게 온 무심천쪽 물이 지게 되어, 까치내 구 제방을 차고 상신동 쪽으로 흘렀을 것이다.

을축년 장마는 상신동의 들에 있던 텃마루의 집 10여 호와 군량마루의 군량미 야적장터를 휩쓸어 갔고, 텃마루에 살던 10여 가구는 연고를 찾아 방축골과 벌독징이로 이주하게 되었다.

그 장마 속에 집에 갔던 강만형씨는 차오르는 물에 집이 잠기기 시작하자 지붕 위로 올라갔고, 집이 떠내려가자 이순서씨의 밭두렁에 있던 버드나무(재래종 포플러) 근처에서 헤엄쳐 나무에 올라가 밤을 새우고, 이튿날 동리사람들에 의하여 구출된 이야기는 상신동의 전설로 남아있다.

제 2 장
마을의 형성과정

상신동의 마을 형성 과정에 대한 기록은 없다. 상신동은 서강내 일상면 원척산리 지역으로 기록되어 있으며, 1909년에 발행한 "한국충청북도일반"에는 상신리가 기록되어 있어, "호서읍지"가 발행된 1871년과 "한국충청북도일반"이 발행된 1909년 사이에, 원척산리가 상신리로 지명이 바뀐 듯하다.

상신동에는 충청북도가 청주테크노폴리스와 오창공단 간 도로개설공시부지 지표조사에서, 발굴된 청동기시대 주거지 3기, 조선시대 주거지 2기와 백제시대와 조선시대의 고분 등이 있어, 옛날부터 사람이 살았음을 알 수 있다.

상신동에 전해오는 이야기는 상신동에는 20여 호의 진주 강씨가 살고 있었는데, 화계동 지역의 동정과 서정마을에 살던 강씨들이 서정지역의 식수 고갈로, 동정주민은 화계동쪽으로, 서정주민은 상신동 쪽으로, 이주하면서 상신동의 방축골 주민이 증가하였고, 을축년 대홍수 때 텃마루에 있던 10어호의 주택이 유실되어, 일부는 벌독징이로 이주하고, 상신동으로 다섯 집이 이주하여, 방축골과 뱅갈에 정착하였다고 한다.

서정주민이 방축골로 이주한 기록은, 화계동에 있는 진주 강씨 청주전거비(晉州姜氏 淸州奠居碑)에 있다. 진주 강씨 현령공파의 중시조이신 강희명(1427년~1489년)공이 문의 현령을 역임한 뒤, 청주시 흥덕구 화계동 170번지로 추정되는 곳에 정착하였다고 한다. 정착할 때 받은 사전(賜田)이 화계동 주변에 있어, 초기에는 넉넉하게 살았다는 이야기가 전해온다. 서정 일대에는 옛 기와 조각이 많았으나, 공단 조성으로 옛 집터 등은 없어 졌고, 1950년대 까지는 집 하나가 동정의 흔적으로 남아 있었다.

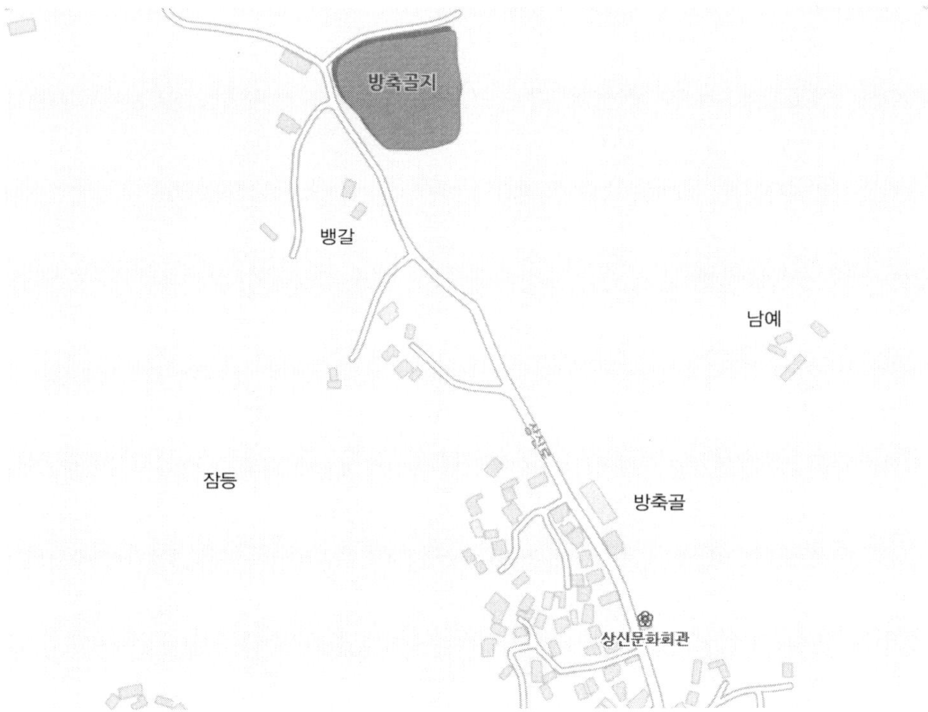

출처: 지도ZUM 자료

제 3 장

마을 소지명

* **방축골** 상신동의 중심부로 주민이 가장 많이 사는 곳이다. 방축골이라는 지명의 유래에 대하여는 세 가지 설이 있다. 하나는 방주골이었다는 설이다. 방주골에 방죽이 축조되면서 방죽골로 변했고, 다시 부르기 좋은 방축골로 변했다는 설. 또 하나는 원래는 방축골은 이름이 없었으며, 방죽이 축조되면서 자연스럽게 방죽골이 되었다는 설이고, 다른 하나는 방축골이라는 이름이 산방축에서 유래했다는 설이다. 상신동 사람들은 방주골이 방죽골로 변하고, 다시 방축골로 변했다는 설을 믿고 있다.
* **남예**(남례) 아래 위남예로 구분되며, 방축골의 동쪽 원평동과 접한 지역
* **뱅갈**(방죽거리) 방축골의 북쪽 방죽 근처 마을
* **방죽** 뱅갈에 있는 소류지. 농업용수 공급을 위하여 축조되었으나 정확한 축조 시기에 대한 기록은 없고, 국립지리원의 1920년 발행 5만분지 1지도에 방죽이 없다가 다음에 발행한 지도에는 방죽이 있어 1020년 이후에 축조한 듯하나 을축년 장마에 까치내 나룻배가 방죽 밑에 와서 장마를 피했다는 증언은 있다.

※ **서낭댕이**(고개) 상신동의 입구인 서낭당이 있던 지역, 마을지정 보호수가 있다.

※ **공동묘지** 일본강점기에 강서면 공동묘지가 있었던 곳. 방축골의 남쪽에 있으며 서낭댕이에서 외북동 쪽으로 보아 우측은 외북동, 좌측은 화계동지역이며, 공동묘지로 지정되기 전에는 진주 강씨 현령공파 종산이었다. 진주 강씨 현령공이 낙향하여 정착한(서정과 동정) 지역은 청주테크노폴리스 조성으로 공동묘지와 함께 산업단지로 변하였다.

※ **장둥** 상신동의 서쪽에 있는 내곡동(작은 소래울)과 경계를 이루는 산. 누워있는 소의 잔등과 같이 평평하다고 해서 장둥이라는 이름이 생겼다고 하며, 각종 민속행사를 하던 흔적이 있다.

※ **삼방축**(들) 상신동의 뒷산인 장둥에서 서북방향으로 뻗어나간 산과 그 앞 들

※ **텃마루 들** 방축골의 북쪽 까치내 미호천 구제방 안쪽에 있던 구릉지대로, 경지정리 전에는 밭이었으나 경지정리 후 논이 되었으며, 을축년 대홍수에 10여호가 살던 마을이 유실되고 텃마루라는 지명만 남아 있다.

※ **굴량마루 들** 상신동의 서북쪽 신대동과의 경계지역의 들로 구릉지대였으나, 을축년 대홍수로 유실된 군량미(軍糧米) 야적장이 있던 곳이다. 경지정리 전에는 밭이었으나, 현재는 대부분 논으로 변했다.

※ **가는개**(細川) **들** 미호천 직강공사 이전, 구 늪에서 삼방축 들쪽으로 흐르는 개울이 있었던 곳. 근년까지 구 제방의 취수문 구조물이 있었으나 경작인이 매립하였다. 경지정리 전에는 대부분 밭이었으나 경지정리로 논으로 변했다.

※ **수박재** 방죽둑을 거쳐 벌독징이로 넘어가는 길목에 있는 낮은 고개

※ **샘모퉁이 들** 방축골의 앞산(안산) 끝을 돌아 청주로 가는 길목에 샘이 있었으며, 그 샘 모퉁이 앞에 있는 구레 들

※ **청룡뿌리 들** 상신동의 북쪽 수박재 앞. 벌독징이와의 경계에 있는 들. 청룡뿌리는 벌독징이 마을 끝자락에 바위가 있어, 미호천이 범람해도 그 바위가 물의 흐름을 막아 청룡의 뿔 같다고 하여 생긴 지명

※ **큰 샘거리** 상신동의 북쪽에 있던, 홍수로 인하여 생긴 웅덩이가 있던 곳. 10개의 둠벙이 있었으나, 경지정리로 없어졌다.

※ **늪 건너**(아래, 위) 미호천 직강공사 이전, 미호천이 사행할 때의 하천 흔적을 늪이라 불렀으며, 작천보 수로로 이용하다가 수로를 제방 바로 옆으로 이전하고, 경지정리로 논이 되기 전 그 늪 건너에 있던 밭 중심의 들

※ **까치내** 상신동 북쪽 오창읍과의 경계인 미호천과 무심천이 합류하는 곳. 합류 모양이 Y자형으로 까치의 발자국 같다고 하여, 까치내라 불렀다. 합류지점에 작천보 구조물(콩크리트 언제)이 있으며, 1950년대에 축조된 언제는 4대강사업의 일환으로 높고 개량된 형태로 다시 축조되었다.

※ **워낭고개** 작은 소래울에서 삼방축 들로 넘어오는 고개

※ **방죽밑 들** 방죽아래 들

※ **안산**(안산 넘어) 방축골의 동남방에 있는 서낭댕이에서 북쪽으로 오다가 샘모퉁이에서 정지된 산. 그 산 너머에 주택 2동이 있었다.

※ **앞 구레** 방축골 앞(동쪽)에 있는 들. 마을 지정 보존우물이 있다.

※ **막정거리** 방축골 북서쪽에 있는 들

※ **산제당거리** 남예 북쪽 상신동과 원평동 사이지역. 원평동 산제당이 있었다.

※ **수개거리** 방죽거리와 청룡뿌리 사이의 들

제 4 장 행정구역

상신동 지역은 충청북도의 청주테크노폴리스 진입도로공사지역 지표조사에서 발견된 청동기시대의 주거 유적과 백제고분 등으로 미루어, 예로부터 사람이 살았다고 생각되나 기록은 없다. 삼한시대에 청주가 마한에 속해있었다는 기록 이전의 일은 알 수가 없다.

청주 강서지(2000년 4월)에 의하면

- 삼국시대에는 백제 관할 상당현
- 통일신라시대에는 서원경
- 고려시대에는 청주목
- 조선시대에는 고종 32년(1895년) 청주군으로 개칭되고, 서강내 일상면(강서2동 지역)과 서강내 일하면(강서1동 지역)은 청주군에 속하게 되고,
- 고종 33년(1896년) 8도가 13도로 분할될 때, 청주군은 충청북도에 속하게 되었다.
- 일본강점기인 1914년 행정구역 통폐합에 따라 서강내 일상면과 서강내 일하면이 통합하여 강서면이 되었고,
- 1931년 청주면이 청주읍으로 승격되고,

• 1946년 청주읍은 청주부로 다시 승격되고, 나머지 지역은 청원군으로 개칭
• 1949년 청주부는 청주시로 승격되었다.

한편 상신동은, 청주군 서강내(西江內) 일상면(一上面)의 원척산리(元尺山里) 지역으로서, 방축골 서쪽 산의 모양이 소와 같고, 고개 이름도 원앙고개라 불리는 등 소와 관련하여 방축(方丑)이라 한다는 설과, 장등과 연결되고 서북방향으로 뻗어나간 산맥이 미호천의 범람을 막는 방축(防築)역할을 하는 동네라는 뜻의 방축골이라는 설도 있다. 또 방주골이 방죽이 생기며 자연스럽게 방죽골이 되고, 다시 부르기 좋은 방축골이 되었다는 설도 있다. 까치내 들 위의 새 동내라 상신이라 하였는데, 1914년 원평리의 일부(윗남예)가 행정구역 변경에 따라 상신리에 편입되고, 작은 소래울의 일부는 내곡리로 편입되어 현재의 상신동이 되었다.
1983년 강서면이 청주시로 편입되어 행정이동명은 강서2동에 소속되었으나(7통), 법정이동은 청주시 흥덕구 상신동이 되었다.
2014년 청주시와 청원군의 통합에 불구하고, 구와 동의 변경은 없었다.
한편 다른 기록에 의하면 상신동은 18세기 중엽에는 방축리(防築里) 1789년에는 방축동리(防築東里) 1895년에는 상신리(上新里), 1914년에도 상신리, 1919년에도 상신리라고 기록되어 있다.

▌상신동의 역대 이장(통장)

구분	성명	구분	성명	구분	성명
이장	강재희	이장	손명환	통장	강찬원
이장	강문원	이장	강장희	통장	김민서(여)
이장	강용원	통장	강찬원	통장	
이장	강인원	통장	강일원		

제5장
도로, 교통

제1절 도로

1. 청주로 가는 길

상신동에서 청주도심으로 가려면, 화계동을 거쳐 사창동 고개 쪽으로 가는 월명산 길과 학생들이 다니던 보째고개 길이 있다. 보째고개 길은 샘 모퉁이에서 새우젓 골목(원평동 남쪽)을 지나, 건너신정 · 신정방죽 둑과 송절방죽 둑을 지나, 보째고개를 넘어, 운천동 앞 제방 길로 시내로 들어가는 길이다.

물동량이 늘고 사람의 왕래가 빈번해지면서, 월명산길은 마차가 다닐 수 있게 넓혔고, 화물자동차도 다닐 수 있게 되었다. 보째고개 길은 무심천 제방길이 확장되면서 송절동 대신 문암동 앞을 지나 제방 길로 자동차와 자전거가 다니게 되어, 지금은 보행자 이외는 거의 통행하지 않게 되었다.

청주산업단지가 완성되면서 화계동(왕암) 옆으로 큰길이 생기고, 강서2동사무소가 내곡동으로 오는 등 도시화가 진행되어 청주까지 도보로 다니는 사람은 별로 없고, 학생들마저 시내버스로 통학을 하게 되었다.

상신동으로 오는 청주시내버스는 916-1과 916-2이며, 1과 2는 서로 반대방향으로 문암동 원평동 상신동 내곡동 외북동 등을 거쳐 청주도심으로 돌고 있다.

2. 새로 생기는 도로

상신동은 교통의 중심지가 될 것 같다.

청주 외곽순환도로는 삼방축을 뚫고, 방죽 밑을 지나 청주외곽을 연결하는 길이며, 수박재 앞에서 청주테크노폴리스 진입로와 교차된다.

청주테크노폴리스와 오창과학산업단지를 연결하는 도로는 상신동의 안산과 방죽 옆을 지나 오창읍으로 가는 길이며, 그 도로의 나들이 상신동에 생긴다.

청주테크노폴리스는 서낭댕이 너머 공동묘지자리에서 동쪽은 송절동, 남쪽으로는 화계동의 왕암과 외북동, 서쪽의 내곡동 일부를 수용한 구역이기 때문에 청주시내 도로는 상신동까지 연결된다.

중부고속도로의 서청주IC도 신성동 쪽의 교통량 분산을 위하여, 상신동의 삼방축들로 이전하는 방안을 검토하고 있으며, 충북선 북청주역 신설에 따라 그 옆으로 길이 또 하나 생기면, 명실공히 상신동은 육로교통의 요충지가 될 것 같다.

제2절 철도

상신동에서 철도를 이용하려면, 1980년 충북선 복선공사가 완료되기 전까지는 송정동에 있던 서청주역(송정역)을 이용할 수가 있었다. 그러나 충북선 복선화 공사와 동시에 서청주역은 없어지고, 정봉역이 청주역으로 되는 바람에 정봉이나 오근장역으로 가는 대중교통이나 도로가 없어, 동네 앞으로 지나가는 철도열차는 그림의 떡이 되었다. 주민은 경작지가 줄고, 공해에 시달리는 고통을 감수하고 있다. 정봉에 있는 청주역이 청주시민과 친화적인 지역이 아니기 때문에, 청주시민이 서울 가려면 고속버스로 가게 되고, 열차를 타야할 경우에는 조치원(KTX는 오송역)으로 가게 된다.

새로 생길 충북선 북청주역도 그와 같은 실책이 없는 경제적이며, 시민 친화적인 곳이 선택되었으면 좋겠다.

제3절 항로

청주에는 청주국제공항이 있다.

청주국제공항은 청주시 청원구 내수읍 오창대로 980에 위치하며, 소유권은 대한민국 공군에 있고, 운영기관은 공군과 한국공항공사다.

1978년 공군비행장으로 개항하였으며, 1989년 민・군 공용공항으로 건설에 착수하여, 1992년 민항용 활주로 등을 건설하였다. 1997년 국내선 제주 – 청주항로에 아시아나 항공이 처음으로 취항하고, 같은 해 대한항공도 제주 – 청주간 항로에 취항했다. 대한항공은 같은 해, 부산 청주 간에도 취항하였다. 대한항공이 국제선(사이판, 괌)에도 취항하는 등 취항 수가 증가하여, 2015년 8월 현재 취항 노선은 다음과 같이 증가하였다.

▌운항노선표

구분	항공사	행선지	비고
국제선	대한항공	정기편: 항저우 부정기편: 장자재, 창사 계절편: 오사카(간사이), 홍콩	
	아시아나항공	베이징(캐피탈)	
	이스타항공	상하이(푸둥)	
	중국남방항공	선양	
	중국동방항공	부정기편: 닝보, 우한	
	쓰촨항공	부정기편: 장자제	
	준야오항공	상하이	
	베트남항공	계절편: 하노이	
국내선	대한항공	제주	
	아시아나항공	제주	
	진에어	제주	
	이스타항공	제주	
	제주항공	제주	
화물노선	대한항공카고	서울(인천), 상하이(푸등), 애틀란타, 시애틀, 홍콩, 댈러스(포트워스)	동절기 운휴

2015년 10월 31일 노선표

제4절 고속버스와 시외버스

※ 청주 고속버스터미널

청주 고속버스터미널은 청주시 흥덕구 가경동에 있으며, 운행노선은 다음 표와 같다.

운행노선	운행회사	비고
청주 – 서울(강남)	중앙고속, 속리산고속	
청주 – 동서울	중앙고속, 속리산고속	
청주 – 상봉(서울)	속리산고속	
청주 – 부산	한일고속, 속리산고속	
청주 – 대구	삼화고속, 속리산고속	
청주 – 서부산(부산사상)	한일고속, 속리간고속	
청주 – 광주	금호고속, 속리산고속	
청주 – 선산휴계소	대구, 부산, 서부산행 이용	마산, 창원, 김해, 울산, 포항, 경주, 영천환승 가능

2015년 10월 31일 노선표

※ 청주 시외버스 터미널

청주 시외버스 터미널은 청주시 흥덕구 가경동 고속버스 터미널 이웃에 있으며, 운행노선은 다음과 같다.

행선지	구분		배차	경유지	행선지	구분		배차	경유지
	고속	완행				고속	완행		
거창		○	1회	영동, 김천	인천	○		25	
광혜원		○	24	진천, 이월	인천공항	○		21	김포공항
괴산		○	37	사리, 유목	여주	○		2	일죽, 태평
군산	○		6	유성, 익산	전주	○		21	유성
김천	○		6	옥천, 영동	점촌		○	2	괴산 연풍
논산		○	2	세종, 공주	제천		○	34	충주, 백운
단양		○	20	충주, 덕산	제천	○		10	충주
서산		○	5	천안, 홍성	창원	○		9	마산
대전	○		5분		춘천	○		12	원주, 공근
덕산		○	26	진천	충주	직		20	분
무주	○		2	옥천, 영동	충주		○	49	증평, 음성
부여	○		13	공주, 이인	평택	○		18	
공주	직		20	세종, 종촌	화북		○	6	화양, 송면
상주		○	17	보은, 화령	의정부	○		11	
서대전	○		1	유성	안산	○		1시	(시간)
남양주	○		2		깅른	○		6	
서울강남	직		14		용인	○		8	
남서울	○		48		부천	○		18	
동서울	○		42		포항	○		6	영천
속리산		○	24	보은, 장재	김포공항	○		15	인천공항
송면		○	9	화양동	장호원		○	11	진천, 무극
수안보		○	4	괴산	주성대	○		1	
수원	○		44		시화공단	○		5	
영동		○	4	보은, 청산	천안	○		52	
영동	○		19	옥천, 이원	구미	통		6	
영월		○	5	충주, 연당	진주	○		6	
오산	○		26		고양		○	10	
옥천	○		19		태안		○	1	
외사		○	1	사리, 괴산	유성		○	2	
울산	○		9	경주	이원	○		13	
원주	○		16						
원주		○	12	충주, 엄정					

2015년 10월 31일 노선표

제 6 장

주변의 변화

제1절 공단

1. 청주산업단지

청주산업단지는 충정북도 청주시 흥덕구의 송정동, 향정동, 복대동, 비하동, 지동, 송절동, 봉명동일원에 걸쳐 개발된 공단으로, 1969년부터 1989년까지 1~4단지로 구분하여 조성되었다.

단지별 면적과 조성기간은 다음과 같다.

※ **1단지**

- **면적** 766,000m^2
- **조성 기간** 1969~1977년도

※ **2단지**

- **면적** 285,000m^2
- **조성 기간** 1978~1979년도

※ **3단지**

- **면적** 1,811,000m^2
- **조성 기간** 1979~1986년도

※ **4단지**

- **면적** 1,237,000m^2
- **조성 기간** 1987~1989년도

※ **총면적** 4,099,000m^2

청주산업단지는 청주산업단지관리공단이 관리하고 있으며, 용도별로 구분하면 다음과 같다.

▌용도별 구분표

용도구분	면적(m^2)	비율(%)
산업시설구역	3,025,000	73.8
지원시설구역	187,000	4.5
공공시설구역	490,000	12.0
녹지구역	396,000	9.7
계	4,099,000	100.0

청주산업단지의 가동 현황은 다음과 같다.

▌입주업체 및 가동 현황

구분		계	음식료	섬유위복	목재종이	석유화학	비금속	철강	기계	전기전자	운송장비	기타	비제조업
계		370	16	17	13	45	9	2	85	117	11	8	47
정상가동	자가업체	120	11	14	6	16	6	1	13	33	4	2	14
	지식산업센터	120	1	0	2	13	2	1	29	38	3	2	29
	임대업체	126	3	3	5	16	1	0	42	45	4	4	3
소계		336	15	17	13	45	9	2	84	116	11	8	46
휴·폐업		1								1			
건설중		3	1						1				1

출처: 청주산업단지관리공단 자료

2. 오창과학산업단지

오창과학산업단지는 1992년부터 2001년까지 충청북도 청주시 흥덕구 옥산면과 오창읍 일원에 조성된, 면적 9,450,000m^{2}의 공단이다. 입주 업종은 주로 전자, 전기 및 정보, 정밀기계, 신 공정, 재료, 소재, 신물질, 생명공학 등이 입주하였다. 오창과학산업단지의 용도별 면적은 다음 표와 같다.

▌오창공단 용도별 용지면적표

용도별	면적(m^2)	비율(%)
연구용지	1,269,000	13.4
생산용지	2,640,000	28.0
업무 · 상업	503,000	5.3
주거용지	1,323,000	14.0
공원 녹지	1,770,000	18.7
공공 기타	1,945,000	20.6
계	9,450,000	100.0

오창과학산업단지는 오창과학산업단지 관리공단에서 관리하고 있다.

3. 오송생명과학단지

오송생명과학단지는 충청북도 청주시 흥덕구 오송읍에 조성된 생명과학단지다. 단지 내에는 기업체와 대학, 연구소, 국책기관 등이 연계되어, 인력 양성 및 연구개발, 인 · 허가, 제조, 판매에 이르기까지 모든 지원을 하도록 계획되어 있다. 바이오 산업전문단지로서, 대한민국정부가 보건의료 및 생명과학기술분야를 국가전략산업으로 육성하기 위하여 조성된 단지다.

단지 조성사업은 1997년에 시작하여 2010년에 완성 되었다. 총면적은 4,619,000m^{2}이며 6대 국책기관이 입주하고 있다.

▌오송생명과학단지 입주 국책기관

<table>
<tr><th>입주기관</th><th>관할기관</th><th>기관 형태</th><th>이전 사유</th><th>구청사</th></tr>
<tr><td>식품의약품안전처</td><td rowspan="5">보건
복지부</td><td>보건복지부 산하 외청</td><td rowspan="2">오송생명
산업단지</td><td rowspan="3">서울특별시 은평구 녹번동 5</td></tr>
<tr><td>국립보건연구원</td><td>보건복지부질병관리본부 소속기관</td></tr>
<tr><td>질병관리본부</td><td>보건복지부 소속기관</td><td rowspan="4">혁신도시</td></tr>
<tr><td>한국보건산업연구원</td><td>보건복지부산하 위탁집행형 준정부기관</td><td>서울특별시 동작구 노량진동 311-27</td></tr>
<tr><td>한국보건복지인력개발원</td><td>보건복지부 산하기타 공공기관</td><td rowspan="2">서울특별시 은평구 녹번동 5</td></tr>
<tr><td>식품의약품안전평가원</td><td>식품의약품안전처</td><td>식품의약품안전처 소속기관</td></tr>
</table>

출처: 위키백과사전

4. 청주테크노폴리스

청주테크노폴리스는 청주시 흥덕구 강서2동지역에 건설되는 산업단지이며, 2008년 8월 8일 지구지정이 되었고, 같은 날 개발계획도 승인되고, 2012년 2월 3일 실시계획이 승인된 종합산업단지다.

청주테크노폴리스 조성사업은 다음과 같다.

- **위치** 청주시 흥덕구 강서2동(외북 · 화계 · 송절) 지역
- **면적** 1,527,575m^2
- **사업기간** 2007년~2017년
- **산업용지 입주 업종** IT, BT, NT, ST, 신재생에너지 등 첨단 제조업
- **개발방식** 민 · 관 종합개발 방식
- **사업자** (주)청주테크노폴리스

▌출자자

청주시	20%
신영	30%
KDB	15%
대우건설	15%
SP종합건설	7%
선엔지니어링	5%
삼보종합건설	7%
신영그린시스	3%

▌토지이용계획

구분	면적(m^2)	비율(%)	비고
생산시설용지	517,995	33.9	
지원시설용지	31,452	2.1	
상업시설용지	32,465	2.1	
유통시설용지	39,612	2.6	
물류시설용지	12,204	0.8	
주거용지	233,389	15.3	
공공시설용지	660,458	43.2	
계	1,527,575	100.0	

청주테크노폴리스 단지는 2015년 10월 15일 현재, SK하이닉스의 청주공장 확장용지 등으로 그 수요가 증가하여, 18만 8천m^2 확대하기로 한 것으로 전해진다. 따라서 사업면적도 1,527,575m^2에서 1,715,000m^2로 확대되며, 생산시설용지도 517,995m^2에서 61만여m^2로 확장된다. 그러나 아직도 이곳에 입주하려는 기업이 있어 다시 2차 확장 사업이 이루어질 가능성이 있다.

제2절 작천보(까치내보)

작천보(鵲川洑)는 상신동에서는 늪이라 불렀던, 미호천제방 완성 전 사행(꼬불꼬불하게 흐르는 개울)시 형성되었던 하천이다. 제방이 완성되고 구 내에는 물이 흐르지 않게 되자, 신대들의 농업용수 공급을 위하여 제방에 취수문을 만들고(현존), 취수로를 제방을 따라 무심천과 팔결에서 오는 미호천 물이 흘러 들어오도록 하였다. 그러나 하상정리가 되면서 천정천이던 하상의 침식이 시작되어, 하천물의 유입에 어려움이 있었다.

1950년대 후반(일부 기록에는 1962년으로 되어 있으나, 필자는 1957년으로 기억하고 있다) 작천보의 취수를 위하여 현재 위치에 콘크리트 고정보를 설치하고, 구 취수로 대신 보 바로 위에 새로운 취수로를 만들어, 미호천 물을 보로 유입하게 만들었다. 보를 만들어 물 문제는 해결 되었으나, 보안에 퇴적물이 쌓이고 무심천 방면에서 유입되는 도시 생활오수 때문에 수질이 오염되어, 까치내의 물고기는 물론 식물까지 죽거나, 변이종이 생기기 시작하였다. 다행히 청주의 생활오수가 분리하수도를 통하여 신촌동 앞의 정화시설로 직접 가고, 까치내에는 유입되지 않게 되었다. 작천보의 노후로 누수가 심하고, 하상 퇴적물 때문에 홍수 등으로 무심천의 수량이 증가되면, 물 흐름이 느려 무심천 주변이 범람하고 청주시의 무심천 양안의 하천변 도로가 침수되는 등 피해가 속출하게 되었다.

이에 충청북도는 2010년 작천보를 총사업비 120억 원으로, 콘크리트 고정보 대신 40m 길이의 수문 6개를 포함한 총 320m의 최신형 가동보를 설치하였다. 신형 보가 완성되면서 홍수위 조절로 수위가 1.1m가량 낮아졌다고 하며, 청주시의 무심천 양안 도로 침수도 감소했다고 한다.

한편 홍수나 폭우 시 수문을 개방하여 작천보 안의 퇴적물도 상당량 감소하게 되고, 저수량도 증가하여 신대들에서 수리조합물이 부족할 때, 작천보 물을 이용할 수 있게 되었다고 한다.

작천보는 청주 도심에서 약 6km 정도의 거리이고, 제방도로도 정비되어 있다. 주변에 문암동 생태공원과 북청주역이 신설되고, 청주 천안 간 전철이 개통되면, 청주시민의 휴식처로 손색이 없게 된다.

청주시에서는 작천보 주변의 공원화를 기획하고 있다고 하며, 상신동은 "반찬등속"의 고향으로 주변의 변화에 대응할 상당한 고민을 해야 할 시기가 온 것 같다.

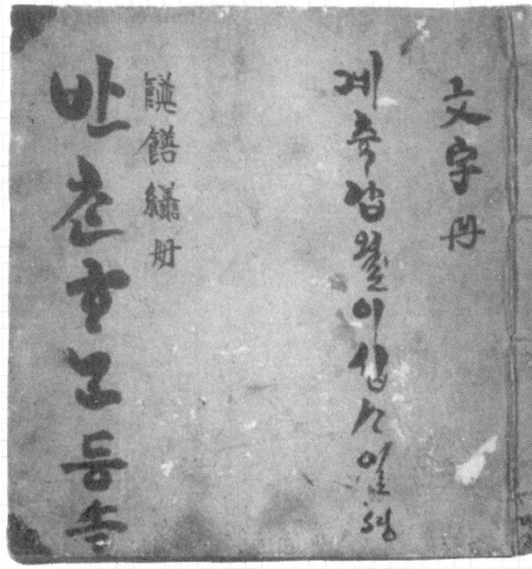

제 7 장 문화유산

제1절　청주상신동유적

청주상신동유적(이하 상신동 유적이라 한다)은 테크노폴리스 진입도로 공사로 그 실체가 드러난 유적이다. 유적이 있는 곳은 방죽 동편 강호명의 선산으로, 강호명의 증조부 산소가 있던 자리 바로 서쪽에 해당되는 해발 40~60m 정도의 낮은 구릉지에 있다.

상신동 유적은 2013년 2월 13일부터 2월 26일까지의 시굴조사와 2013년 4월 30일부터 7월 10일까지 연면적 7,837m^2를 발굴조사 했다.

상신동 유적은 두 곳에서 발견되었다. 하나는 상기한 방죽 옆이고, 하나는 서낭당고개 동쪽이다. 상신동 유적은 방죽 옆에서 청동기시대 주거지 3기, 조선시대 주거지 2기, 조선시대 분묘인 수혈유구 1기와 조선시대 토광묘 104기 등 110기의 묘와 서낭당고개 옆에서는, 백제시대 토광묘 3기, 조선시대 토광묘 5기가 발굴 조사되었다.

청동기시대 주거지는 방죽 옆 산의 해발 60m의 능선 정상부에 있으며, 평면 형태는 장방형, 세장방형으로 구분된다고 한다.

백제시대 토광묘는 서낭당 고개 동쪽 해발 57~58m 사이의 능선사면에 있으며, 부장품으로 원저단정호, 원저소호 등이 발굴되었다고 한다.

조선시대 토광묘는 모두 109기이며, 부장품도 다수 발굴되었다고 한다. 이로써 상신동에는 선사시대의 주거지와 조선시대 주거지가 있고, 백제시대의 분묘와 조선시대에 걸쳐 매장된 분묘가 있는 지역임을 알 수가 있다. 그러나 필자가 어릴 때 친구들과 들로 산으로 뛰놀며 본 고분은 이 지점 말고도 다수 존재한다(상신동 일대는 2015년 12월 말 현재에도 발굴 작업이 진행되고 있다).

제2절 반찬등속

"반찬등속"은 전술한 바와 같이 국립민속박물관이 소장하고 있는 고서적이다. 반찬등속에 상신동에서 1913년 12월 24일 완성했다는 기록이 있어, 산신동의 문화유산으로 기술하는 것이다. 그동안 충북대학교에서 여러 차례 반찬등속에 관한 학술보고가 있었고, 청주시에서도 한글로 작성된 요리서인 "반찬등속"이 음식디미방(경북 영양군)과 규합총서(서울지역) 등과 견주어 손색이 없는 향토음식 요리서로, 문화재적 가치가 인정된다고 하여, 재정적 지원을 하고 있다. 청주박물관에서도 "반ᄎᆞᆫ ᄒᆞᄂᆞᆫ이야기"란 제목의 특별 전시회가 있었다. 청주반찬등속보존회와 충북대학교 박물관이 공동주최한 "100년 전 음식을 보다" 반찬등속이라는 반찬등속탄생 100주년 특별전도 있었다.

반찬등속을 처음으로 조사 연구한 국립민속박물관의 권선영씨는 그의 논문에서 반찬등속을 다음과 같이 소개하고 있다.

반찬등속은 충청북도 청주시 일원에 살았던 이가 쓴 서적으로, 20세기 초 충청북도 지방의 식생활 문화를 알려주는 문헌이다. 국립민속박물관에서 2007년에 산 이 책은 한국 음식사와 청주의 음식문화를 연구하는데 귀중한 자료이다.

이 책은 앞뒤 표지 2장을 포함하여 전체가 32장으로 된 필사본으로, 한글로 쓰인 조리서와 한문으로 쓰인 문자책으로 구성되어 있다.

저술자의 서명은 보이지 않는데, 이는 다른 기타의 조리서와 마찬가지로 이 책을 바깥사람들에게 보이려고 쓴 것이 아니라, 집안의 사람들에게 전해 주려는 목적에서 지은 것이기 때문일 것이다. 뒷면 표지에는 "복희다남(福囍多男)"이라는 글자를 검은 종이로 오려붙였는데, 집안에 복이 쌓이고, 아들 많이 낳기를 염원한 마음이 느껴진다.

이 책의 표지서명은 "반춘ᄒᆞᄂᆞᆫ등속 饌饍繕冊", "文字冊"이고, 권두서명은 "반춘등속"으로 되어 있다. 책의 크기는 가로 19.3cm, 세로 20.5cm이고 보통의 백지에 붓으로 쓴 것이다. 반엽이 9~11행이며, 한 행의 자수는 11~16자로 일정치 않다. 앞뒤 표지 2장을 제외하면 30장인데, 조리법, 문자책, 조리법, 문자책의 구조로 문자책은 앞쪽이 5장, 뒤쪽이 8장으로 구성되어 있다.

이 책의 권두서명은 "반찬등속"이고, 표지서명은 "반춘ᄒᆞᄂᆞᆫ등속 饌饍繕冊"이다. "반찬"은 밥에 곁들여 먹는 음식을 통틀어 말하며, "등속"은 명사 뒤에 나열한 사물과 같은 종류의 것들을 몰아서 이르는 말이다. 그러므로 "반춘등속"은 "반찬따위"를 뜻하며, 밥과 함께 먹는 음식에 초점을 맞춘 말이다. 반면에 "반춘ᄒᆞᄂᆞᆫ등속"은 "반찬을 만드는 일 따위"라는 뜻이며, 반찬을 하는 행위에 초점을 맞추고 있다. 한문제목인 "饌饍繕冊"은 "반찬 하는 것을 엮은 책"이라는 의미이다. 그런데 반찬이라는 말 속에는 이를 만드는 일련의 과정이 내포되어 있기 때문에 "반찬등속"이라는 서명이 더 적합한 듯하다. 또한 서지학에서 어떤 문헌의 정식 명칭을 정할 때 표지 서명보다 권두서명을 취하는 것이 원칙이다. 본문의 첫머리 즉, 권두서명이 이 책을 저술한 당사자가 붙인 제목임이 분명함으로, 저술자의 의도를 존중하여 이 책의 제목을 "반찬등속"이라 명하려 한다.

반찬에 대한 관심은 밥이라는 요소가 충족되었을 때 나타날 수 있다. 이는 "반찬등속"을 쓴 지은이의 가세가 끼니를 걱정하지 않아도 될 정도였음을 알 수 있으며, 오히려 밥을 더욱 맛있게 먹기 위한 반찬에 관심을 기울이고 있음을 알 수 있다. 조리법은 김치・짠지류의 반찬, 과자와 떡, 음료 등을 만드는 방법이 서술되어 있다. 두 부분으로 나누어진 조리법은 각 조리법 내에서 음식을 종류별로 분류하여 서술하고 있다. 그러나 두 부분의 조리법에 음식의 종류가 중복적으로 나타나는 것을 보아, 체계적으로 분류를 나누어 적은 것 같지는 않다. 문자책(중략)

이 책은 표지에 "계축납월이십ᄉ일성"이라는 문구가 적혀 있어, 계축년 음력12월 24일에 엮은 것임을 알 수 있다. 계축년의 정확한 연대는 표기법의 형식과 책에 적혀 있는 지명을 통하여 알 수 있다. 근대 국어의 후기에 오면 이중모음에서 단모음으로 음가가 현화된다. "반찬등속"의 표기법에서는 "조긔"와 "조기"가 혼용되어 사용된다. "ㅢ"가 "ㅣ"로 변화되는 것은 19세기에서 20세기로 넘어가면서 일어나는 변화이다. 19세기에 들어가면 일반적으로 치찰음(齒擦音: ㅅ, ㅈ, ㅊ)은 아래에 "ㅡ"가 "ㅣ"로 되는 전설모음화가 일어난다. 이러한 표기법으로 보아 서적은 근대 국어 시기의 서적으로 볼 수 있으며, 1933년 주시경의 "한글맞춤법" 제정 이전의 자료로 생각할 수 있다.

뒤표지 앞쪽에는 "청주서강내일상신리(淸州西江內壹上新里)"라는 지명이 나와 있어 이 책이 편찬된 지역과 편찬 연대를 유추해 볼 수 있다. 상신리는 본래 청주군 서강내 일면의 원척산리(元尺山里) 지역이었다. "輿地圖書"(18세기 중반)에서는 강내일면(江內一面)에 원척산리(元尺山里)가 "忠淸道邑誌"(19세기 초반), "湖西邑誌"(1871)에서는 서강내 일면(西江內一面)에 원척산리를 확인할 수 있다. 그러나 충청북도관찰도에서 1909년에 발행한 "韓國忠淸北道一般"에서는 충청북도 청주군 서강내 일상면(西江內一上面)에 상신리(上新里)가 표기되어 있어, "湖西邑誌"가 편찬된 1871년과 "韓國忠淸北道一般"이 발행된 1909년 사이에 원척산리에서 상신리로 지명이 바뀌었음을 알 수 있다. 이 때문에 이 책의 편찬 시기가 1913년 계축년임을 알 수가 있다. 이후 1914년 일제에 의한 행정구역 개편이 이루어지고 난 후인 1917년 1월 발행된 "新舊對照 朝鮮全圖 府君面里道名稱一覽"을 보면 원래의 상신리와 원평리 일부가 합쳐져 상신리를 형성함을 확인할 수 있다. 1914년 행정구역 폐합에 따라 원평리 일부를 병합하여 상신리라 하였으며, 서강내 상면과 서강내 하면이 통합하여 강서면으로 이름이 바뀌었다.

광복 후인 1946년 6월에는 청주읍이 청주부로 승격되고, 나머지 지역은 청원군으로 명칭이 바뀌었으며, 청주부는 1949년 8월 청주시로 승격된다. 이후 상신리는 1963년 2월 청주시 강서2동에 편입되어, 현재 행정동으로는 충청북도 청주시 흥덕구 강서2동이며, 법정동으로는 흥덕구 상신동이다.

▌"반찬등속" 서지사항

서명	표지	반ᄎᆞᆫᄒᆞᄂᆞᆫ등속 饌饍繕冊
	권두	반ᄎᆞᆫ등속
형태	필사본(한글조리법 · 한문문자책)	
크기	가로 19.3cm, 세로 20.5cm	
시대	1913년	
지역	청주서강내일상신리(현 처주시 흥덕구 강서2동)	
내용	반찬 위주의 음식조리법과 문자책	

출처: 권선영저. 1910년대 청주지역의 식문화, 2008년

한편 이 책의 저자에 대한 연구는 청주시가 충북대학교에 의뢰하여 연구한 바로는 상신동의 양반댁 음식으로 청주 지방의 100년 전 음식문화를 대표한다고 보고되어 있다. 청주시가 2013년에 발행한 "반찬등속"이라는 책자에 의하면 이 책의 저자는 상신동에 살던 진주 강씨 집안이라는 것이다.

청주시가 발행한 "반찬등속"에 있는 저자에 관한 내용을 소개하면 다음과 같다. 이 책은 언제 누가 썼을까? 책에는 저자가 표기되지 않은 채 "계축납월이십사일성"이라고 적혀 있어 1913년 12월 24일에 쓴 것임을 알 수 있을 뿐이다. 다만 뒤표지 안쪽에 "청주서강내일상신리"라고 적혀 있어 당시 이 마을에 살던 사람인 것은 분명하다.

이 책이 쓰여진 계축년에 해당하는 간지는 영조 9년(1733), 정조 17년(1793), 철종 4년(1853), 1913년 등 다양하다. 이 책은 한글에 "아래아[·] 표기를 많이 사용한 점, 김치에 배추가 많이 사용되지 않은 점, 고추가 다양한 음식에 이용되었지만 많은 양이 쓰이지 않은 점, 송편에 설탕을 사용한 점, 그리고 초서체와 한글 편지의 내

용과 용어 및 문체 등을 고려할 때 적어도 다른 시기에 두 명이 적은 것 같다. 음식 조리법 부분과 한글 편지는 "아래아" 표기법이 많이 사용되던 시기의 내용이고, 초서로 된 편지 글 두 편은 그 후에 다른 사람이 작성한 것으로 보인다. 결국 앞 시기에 어떤 여성이 음식 조리서를 지었고, 1913년에 초서를 잘 쓰는 사람이 다시 이를 정리하면서 자신의 초서체 편지를 함께 실은 것 같다.

이 책에서 조리서와 문자책은 원래 상신리에 살던 진주 강씨 며느리 가운데 한 사람이 지은 것으로 짐작한다. 책의 내용이 요리책이고 한글로 썼다는 점, 한글 편지글에서 "아버님께 글을 올리옵니다. 아버님 지난번에 다녀가신 후"라는 부분과 "수신댁"의 안부를 묻는 부분이 시집간 여성이 친정 아버지에게 올리는 편지라는 점 때문이다. 그러나 뒷부분의 초서체 편지글은 "오형(吾兄), 형후(兄候), 선생(先生), 윤제(允弟), 경체(經體)" 등의 호칭을 사용한 것으로 보아 남성이 지은 것으로 보인다.

그렇다면 누가 이 책을 썼을까? 진주 강씨의 며느리 가운데 한글은 물론 문자책에 쓴 한자를 아는 정도의 학식수준을 갖추었다면, 분명히 남편의 지위가 어느 정도 높았을 것이다. 이 시기에 상신리에 살면서 벼슬한 인물은 입향조 강희맹의 13대 손인 강귀흠(姜貴欽 1835~1897)이다. 그는 자가 덕중(德重)이고, 호가 영오(靈梧)이며, 의령원(懿寧園)의 수봉관(守奉官)이라는 벼슬을 하였다.

강귀흠의 부인은 밀양 손씨(1841~1909)인데, 그녀는 증평의 부유한 가문에서 태어났고, 어려서부터 총명하여 한문을 익히는 등 학식이 있었다고 한다. 그녀가 젊었을 때 어머니를 여의었기 때문에 아버지가 수신에 살던 여성과 재혼하였다고 한다. 이 때문에 친정 아버지에게 올린 편지글에서 어머니 대신 "수신댁"이라는 호칭을 사용하면서 안부를 물었을 것이다. 따라서 "반찬등속"은 19세기 후반에 강귀흠의 부인인 밀양 손씨가 자신의 요리법을 집안의 며느리에게 전하기 위해 한글로 작성한 것으로 짐작한다. (이하 생략)

제3절 상신동의 보호수와 보존우물

1. 보호수

상신동에는 마을을 상징하던 나무 세 그루가 있었다.

하나는 서낭당에 있던 나이를 알 수 없는 아름드리 조각자나무이고, 또 하나는 방축골 마을 앞 강천원의 논 둑에 있던 버드나무(柳)이고, 또 하나는 남예 보성 오씨 종산에 있는 소나무(현존)다.

세 나무 중 버드나무는 수령이 약 200년은 넘은 것 같았으나 현재는 없고, 소나무는 현재 생존해 있으나, 지상 2m쯤에서 갈라진 두 가지 중 한 가지가 부러졌다. 수형이 매우 아름다웠고, 흉고 직경이 60cm 가량이다. 정확한 수령(樹齡)은 알 수 없으나 3~4백년은 된 것 같지만, 숲 속에 있어 마을사람의 관심에서 먼 나무가 되었다. 서낭당 자리에 있는 조각자나무(쥐엄나무)는 방축골 입구의 서낭당 터에 있다. 수령 300년 정도였던 이 나무는 1970년대 새마을사업의 일환으로 마을 진입도로를 확장하고 콘크리트로 포장할 때, 도로폭을 넓히려고 베었다. 그러나 그 나무 뿌리에서 움이 돋아 현재 수령은 45년이며, 수형(樹形)도 제법 큰 나무 같다. 이 나무의 모수(母樹)가 있던 서낭당은 주변 마을의 아녀자들이 아들 낳게 해달라고 비손하던 곳으로, 음력 정월 보름 때면 마을에서 촛불 켜놓고, 떡과 과일도 차려놓고 비손하는 것을 볼 수가 있었다. 상신동에서는 그 나무의 생존력을 기려 이를 보호하려 2015년부터 마을 보호수로 정하고, 주변을 가꾸고 있다.

2. 보존우물

방축골 앞 구레 한가운데에 우물이 있다. 이 우물은 방축골에 마을이 형성될 때부터 유일한 식수원이었다고 한다. 필자의 기억에는 아침에 우물로 세수하려 나가보면 우물물이 항상 넘쳐흐르고 있었다. 수량이 풍부했으나, 1930년대 후반 우물 주변 논에서 사금(砂金)을 채취하려고 금점을 일군 후 부터는 주변 논에는 찬물이 나오는 "쉬"가 많이 생기고, 우물물은 넘치지 않고, 두레박으로 물을 퍼 올리게 되었다. 이 우물에는 추억이 많다. 수량이 풍부하고 물이 매우 찼고, 맛도 좋았다. 여름밤이면 샘가에서 물을 길러 목욕도 하고, 참외나 수박을 시원하게 먹으려 담가 놓기도 하였다. 필자의 기억으로는 좋다는 생수 맛이 그 우물물만 못한 것 같이 느끼고 있다.

2015년 청주테크노폴리스 진입로 공사로 우물이 매몰될 위기에 처하게 되어 마을에서는 이 우물을 보존하기로 결정하고, 우물 주변을 정비하고 비가림도 하게 되었다.

제2편

100년의 흔적

제1장 주민

제1절 주거구역별 주민

상신동의 주거구역은 세 곳으로 구분된다. 가장 많은 사람이 사는 본동(방축골), 방축 옆인 뱅갈, 방축골 앞 구레들 건너 남예로 구분되며, 거주자는 다음 표와 같다.

▌상신동 주민현황(2015년 10월 31일 현재)

구역	세대주	가족수			전 호주	거주기간	비고
		남	여	계			
남예	오태영	1		1		2013년 전입	
	최영태	1	1	2		1999년 전입	
	계	2	1	3			
뱅갈	강필원	1	1	2			
	김정희		1	1	강도원		
	정수현	1		1		2011년 전입	
	홍두표	1	2	3		2007년 전입	
	박중식	1		1		2013년 전입	
	강경원	1	1	2			
	이상석	3	1	4		1995년 전입	
	신동임	1	1	2	김갑성		
	강일원	1	1	2			
	계	9	8	17			

상신동 주민현황(2015년 10월 31일 현재)

구역	세대주	가족수			전 호주	거주기간	비고
		남	여	계			
	이혜숙		1	1		1999년 전입	
	임춘자		1	1	강호경		
	강호인	1	1	2			
	강인원	1	1	2			
	홍성옥	1	2	3	홍기철		
	정재인	3	5	8	정대선		
	강수원		1	1	이종각		
	백남준	2	1	3			
	설동기	1		1		정왕례 배우자	
	강용원	1	1	2			
	박순태	1	2	3		1999년 전입	
	한종식	1	1	2			
	김매식		1	1	강만구		
	오원봉	1		1			
	강호문	1		1			
	유봉순		1	1	강정희		
	이옥자		1	1		2010년 전입	
	강원모	1	1	2			
	강호명	1	2	3			
	강운원	3	1	4			
본동	하일라		1	1	한동준		
	유준오	3	1	4		2010년 전입	
	강신광	1		1			
	강강원	3	1	4			
	강호동	5	2	7	강종원		
	강경모	3	1	4			
	강호의	2	1	3			
	조춘자		1	1	강호철		
	강금구	2	2	4			
	유정순		1	1			
	이은훈	2	1	3		2003년 전입	
	강동임		1	1	김순일		
	강찬원	1	1	2			
	최창수	1	2	3			
	정산숙	1	1	2		2011년 전입	
	한명재	2	1	3		2015년 전입	
	이증현	1	1	2		2013년 전입	
	이상문	2	1	3			
	강성래	1	1	2			
	정영선	1	1	2			
	소계	49	46	95			
계	51	60	55	115			

앞의 표와 같이 상신동에는 남자가 여자보다 많다. 또, 거주기간을 보면 50년 이상 거주자 즉 대대로 정착한 사람의 비율이 줄어들고 있다.

필자가 수집한 자료에 의하면 상신동의 인구는 최근 급격히 감소하고 있음을 알 수가 있다.

2000년 말의 상신동은 66세대에 239명이 살고 있었다. 2007년 말에는 67세대에 174명이 살고 있었고, 2011년에는 62세대 163명이었던 인구가 2015년 10월말 현재 51호에 인구는 115명밖에 안 된다. 불과 15년 사이에 인구가 반 이상 줄었다.

남녀의 구성을 보면 2000년에는 남자가 135명, 여자가 104명이었고, 2007년에는 남자가 89명 여자가 85명이며, 2011년에는 남자가 90명이고 여자가 73명으로 남자가 많고, 2015년에는 남자가 60명, 여자가 55명으로 역시 남자가 더 많다.

제2절 주거구역의 변천

상신동의 주거구역에는 많은 변화가 있었다. 다음 표는 100년 전 주거구역과 2015년 주거구역을 비교한 것이다. 100년 전 주거구역별 세대 수는 필자가 어릴 때 어른들로부터 전해들은 이야기와 생존하고 있는 마을 노인들로부터 구전된 것을 종합한 것이다.

▎주거구역별 세대 수

구역	세부구역	1900년	1950년	1980년	2015년	2015년 농가
남예	위남예	5				
	아래남예	3	7	2	2	2
	소계	8	7	2	2	2
뱅갈	수박재	1				
	방죽 옆	2	10	9	9	8
	삼방축	1				
	소계	4	10	9	9	8
본동	원 방축골	28	42	42	37	33
	안산		3	3	0	
	소나무골		5	4	3	2
	소계	28	49	50	39	35
텃마루		10				
합계		50	66	61	51	45

제 2 장 농지

제1절 논과 밭의 구성비

2015년 10월 31일 현재 상신동의 농지는 상신동 총 면적 1.81km^{2}의 12.4%인 225,497m^{2}이다.

그 중 논이 189,897m^2(농지의 84.2%)이며, 밭은 35,600m^2(15.8%)이다.

이와 같이 상신동은 전체면적에 비해 농경지의 비율이 매우 낮다.

농지 이외의 토지는 대지, 임야, 도로용지, 철도용지와 수로 및 배수로(溝) 등이다.

상신동의 토지 중 농지의 비율이 낮게 된 원인은

첫째, 충북선 철도의 복선화와 이설

둘째, 청주외곽순환도로 및 청주테크노폴리스 진입도로 개설

셋째, 경지정리와 수리조합 수로 및 배수로 등으로 인한 농지의 잠식에 기인한다.

상신동의 지형은 남고북저형을 이루고 있다. 남쪽에는 주거지역과 임야가 대부분이고, 북쪽과 마을 동쪽에 농지가 있었으나, 동쪽의 농지 중 논은 청주테크노폴리스 진입로 신설로 대부분 수용됐다. 공업화에 따른 불가피한 현상이지만 상신동으로서는 너무나 큰 변화가 아닐 수 없다.

전통적인 농촌마을이 2000년대에 들어오면서 급격한 변화하여, 전술한 바와 같이 상신동의 인구는 감소되기 시작했다. 경지면적이 줄고, 비교적 외진마을이 교통의 요지로 변하면서 주민의 생업 구조도 비농가의 수가 증가하였다. 이와 같은 현상은 앞으로 더욱 심화될 가능성이 있어, 상신동은 농외소득원을 찾아야 할 것 같다.

제2절 농지개혁과 농지 소유구조

우리나라의 농지 소유구조는 1949년 농지개혁으로 많은 변화가 있었다.
전국적으로도 1945년 조국 광복 시 자작농이 14.2%, 자・소작농이 35.6%, 소작농이 50.2%였다.
1948년 대한민국 정부수립 후 이승만 대통령은 1950년 3월에 농지개혁법을 공포하고, 소작농들에게 농지분배예정 통지서를 발부했다. 4월에 농민들은 자기 소유가 될 농지에서 파종하는 기쁨을 맛보았다. 그러나 지주 중 일부는 이미 소작농들에게 농지를 강제로 매도해 돈을 챙겼고, 극소수는 사립대학교 설립에 농지를 출연해 대학교 교주(校主)가 되어, 농지개혁을 피했다. 1951년 농지개혁 후 순수 자작농의 비율이 다음 표와 같이 80% 이상으로 증가하여 성공한 개혁이라 평가된다. 농지개혁법의 주요 골자는 다음과 같다.
(1) **농지소유 상한선** 2정보(6,000평)
(2) **몰수한 지주에 대한 보상** 연평균 생산량의 1.5배
(3) **지가증권 상환** 5년간 분할 상환
(4) **농지를 분배받은 대가** 연평균 생산량의 1.5배를 5년간 분할상환

우리나라의 농지개혁의 특징을 요약하면 "유상몰수 유상분배"다.
북한도 1946년 농지개혁을 했다. 북한의 농지개혁은 무상몰수, 무상분배였으나, 북한은 5년 후 전국의 토지 국유화를 단행하여, 사실상 북한의 농민은 새로운 형태의 소작농이 되었다.

▌농지개혁 전후 농지소유 형태별 농거가수의 추이

년도	농가호수	자작농(%)	자·소작농(%)	소작농(%)	비고
1945	2,010	285(14.2)	716(36.6)	1,101(50.2)	추정치
1947	1,106	368(17.0)	834(39.6)	914(43.4)	
1949	2,474	925(37.4)	1,023(41.4)	526(21.2)	
1951	2,184	1,763(80.7)	336(15.4)	85(3.9)	
1960	2,350	1,729(73.6)	461(19.6)	160(6.8)	
1970	2,483	1,651(66.5)	591(23.8)	241(9.7)	
1980	2,155	1,205(55.9)	853(39.6)	97(4.5)	

자료: 농경연. 농정사 관계자료집, 농업기본통계편, 1988

한편 상신동의 1945년 농지소유 형태는 다음과 같다.

- **자작농** 2호
- **자 · 소작농** 15호
- **소작농** 44호
- **종토 농** 1호
- **비농** 3호

상신동의 농지소유 형태는 1950년 농지개혁 전 급격하게 변동하였다. 제일 많은 농지를 소유하고 있던 조준호씨의 농장은 1948년부터 상신동의 청년(강재희, 강순희 등)들이 주축이 되어, 그 당시 마름이었던 정학수씨를 설득하여 농지개혁 전 연평균 생산량(도지낼 때 산출된 소출량)의 1.5배를 기준하여 일시 상환조건으로 매매계약이 이루어졌다. 또한 김동벽씨는 상신동에 있던 자기소유 농지를 소작인에게 무상 양도하였고, 최동선씨와 이규회씨는 직영으로 전환하여 농지개혁을 면하였다.

일본인 소유 농지는 귀속 재산 환수로 정부소유가 되어, 연평균 생산량의 300%를 기준하여 소작인에게 매매되었으나, 농지개혁 시 보상 수준을 연평균 생산량의 150%로 정함에 따라, 이것도 150%로 조정됐으나 상신동에는 귀속 농지가 없었다.

제3절 경지정리와 수리시설

1. 경지정리

경지정리는 농업노동의 생산성을 향상시킬 목적으로, 영농의 기계화, 작업의 생력화(省力化), 용·배수 처리의 원활화 등을 위하여 시행하는 농지개량사업이다.

우리나라의 경지정리사업은 1419년(세종 1) 전라도 고부군에 눌제(訥堤)를 설치하고, 그 아래에 있는 1만여 결의 농경지에 전라감사 이안우(李安愚)가 정전법(井田法)을 실시했다는 기록이 있다. 일제 강점기인 1920~1939년까지 20여 년간 각종 수리사업을 실시한 일이 있었다. 1930년 전라북도 익산군 오산면의 논을 대상으로, 토지회사인 불이흥업주식회사(不二興業株式會社)가 구획정리 사업을 실시했다. 그 뒤 일본인 대주주들이 자기소유 농경지를 대상으로 산발적인 경지정리사업을 추진하던 중, 1927년 "조선토지개량령"을 만들어 계획적인 사업을 시작하였으나, 1943년에 끝나고 말았다. 광복 이후는 시급한 농업용수확보사업 때문에 경지정리사업은 하지 못하고 있었다. 그 후 1964년 경상북도 성주군 월항면 안포리에서 처음으로 다시 시작하였다.

상신동의 경지정리사업은 조국 광복 후 시작한 진천군 초평저수지를 수원으로한 청미수리조합의 수로가 먼저 완성되었고, 경지정리사업은 정부의 지원으로 1970년 원평지구 경지정리사업의 일환으로 까치내 들과 신대 들이 함께 실시되었다(시공회사: (주)중앙환지사). 경지정리 전후의 환지내역은 다음과 같다.

(면적단위: 평)

지목	등급	경지정리 전 토지		경지정리 후 토지		비고
		필지수	면적	필지수	면적	
논(畓)	1	30	18,003	18	13,442	
	2	72	56,507	64	50,975	
	3	922	554,289	753	533,880	
	4	776	469,569	711	499,394	
	5	225	120,401	215	106,360	
	계	2,025	1,218,770	1,761	1,244,051	
밭(田)	1	218	93.345	36	16,862	
	2	19	8,315	3	1,691	
	3	15	5,781	4	3,526	
	계	252	107,441	43	22,079	
대지		1	221	1	125	
임야		5	1,791			
합계		2,906	1,430,225	1,909	1,424,523	

출처: 농어촌공사 자료

위 통계-자료는 그 당시 환지 총계 표에 의하였으나, 그 내용의 신빙성이 낮다. 경지정리를 하는 이유는, 한 농가의 농지가 여러 곳에 적은 면적으로 산재하고 있을 경우, 토지의 소유에 따른 경계 등에 필요 이상의 면적이 소요되고, 기계화 등에 불편이 많고, 용수로와 배수로가 정비되어 있지 않아 다툼이 있을 때 이를 해소하고 생산성을 높이기 위하여 실시한다. 상신동의 경우 경지정리로 위 표에서 본 바와 같이 논의 면적은 증가하고, 밭의 면적은 감소하였다. 이것은 늪 건너 밭과 가능개, 텃마루, 군량마루 등의 밭이 논으로 변한 데에 따른 것이다. 농로와 중앙 배수로가 신설되어 농작물 관리가 편리해졌다.

2. 수리시설

상신동의 논은 (1) 천수답, (2) 구레논(용출수가 있는 논), (3) 방죽 몽리구역, (4) 장들보 몽리구역, (5) 작천보 몽리구역 등으로 구분할 수 있었다. 천수답은 방축골 앞들의 논 중 물이 용출하지 않는 논으로 비가 와야 벼를 심고, 가꿀 수 있었다. 구레논은 논마다 거의 "쉬"가 있어 구름만 끼어도 논의 물고에서 물이 넘쳐흐르는 논으로, 가뭄과 관계없이 농사를 지을 수 있어 단위 면적당 소출이 타 구역의 논보다 많았다. 방죽 몽리구역은 방죽 아래 들로, 큰샘거리 바로 위까지가 몽리구역이지만, 가뭄이 심하면 방죽물이 말라, 방죽 안에 샘을 파는 등 비상한 노력을 경주해야 농사를 지을 수 있는 구역의 논이다. 장들보 몽리구역은 상신동 논의 80% 이상을 차지하는 넓은 구역이다. 무심천 물을 이용하였기 때문에 무심천이 하상정리로 하상이 낮아져, 물이 유입되지 않게 된 후부터 매년 물 부족으로 많은 고생을 하던 구역이다. 장들보의 취수문은 까치내 합수머리에서 약 200m 정도 무심천 상류쪽에 있다(현존). 취수문에서 상신동의 몽리구역인 텃마루 들까지의 거리가 약 1km 정도고, 하류는 삼방축들까지라 용수로가 매우 길다. 따라서 물이 내려오는 도중에 증발 등으로 손실되는 양도 많았다. 매년 봄이면 경작인들은 군을 선다. 용수로의 정비와 가뭄에 대비한 양수기 설치 예정지의 정비를 하였으며, 물이 흐르기 시작하면 누수를 방지하기 위하여 밤새워 수로를 지켰다. 물 싸움도 많았고, 겨우내 말랐던 수로에 물이 흐르면 땅 속에서 동면하던 가물치와 메기가 물의 흐름을 알고, 나와 움직이는 것을 보고, 도깨비로 착각하여 혼을 빼앗기는 일도 있었다. 작천보 몽리구역은 늪 건너 제방 밑 논으로 많은 면적은 아니지만 수리 안전답에 속한다.

장들보 등 상신동의 원시 수리시설은 농어촌공사 등 관계기관에서 농사박물관을 건립하여 보존하였으면 좋을 것 같다.

상신동 등 미호천 평야의 논농사는 초평저수지가 완공되고, 그 물이 공급되면서 수리안전답으로 변하였다.

초평저수지는 일명 미호천 저수지라고도 한다. 관개용으로 1958년 흙 댐으로 완성되었다. 1964년 콘크리트 중력 댐으로 개수하고, 저수량도 3배 이상 증가하였다. 유역면적(빗물이 흘러 들어오는 구역의 면적)이 49.94평방 km, 만수위 면적이 2.58평방 km 총저수량은 13,853,200톤, 저수지 제방기리가 174m인 큰 관개용 저수지다. 처음에는 이 저수지의 물을 이용하는 수리조합의 명칭이 청미수리조합이었다. 지금은 농어촌 공사소유로 돼 있지만 아직도 상신동에서는 그 이름을 수리조합이라 부른다.

청미수리조합의 용수로 공사는 1948년 대한민국 정부수립 후 바로 시작되어, 6·25전쟁이 발발한 1950년까지 수리조합 수로 좌·우 간선과 지수로 공사가 한창 진행되고 있었다. 전쟁으로 인하여 공사가 지연되어 1958년경 완성되고, 상신동 들은 수리 안전구역이 되었다.

제4절 영농환경의 변화

상신동의 영농환경을 농지의 소유를 중심으로 설명하면 다음과 같이 구분할 수 있다.

구분	년대	내용
개농기(皆農期)	1910년 이전	농사 이외의 수입이 없었던 시기
소작농기	1950년 이전	도시 상공인이 농지를 소유한 시기
자작농기	1990년 이전	농민이 농지를 소유한 시기
자작·임대기	2010년 이전	농지의 매도와 그 농지를 임차하여 영농
위탁 영농기	2015년 현재	집단 위탁 영농시기

위 표는 필자가 편의상 만든 구분이다 각 시기별 특징은 다음과 같이 설명된다.

1. 개농기(皆農期)

이 시기의 상신동은 대부분의 농지를 몇 사람이 소유하고 있었다. 소요 인력은 농지를 소유하지 못한 농가의 인력으로 머슴·고지·병작 등의 방법으로 조달하였다. 머슴의 새경을 일정 토지의 경작권으로 대신하기도 하였다(행낭살이). 이 경우에는 거주할 수 있는 집을 제공한다. 행낭살이 하는 사람은 자기 농사와 주인의 일정 농지의 영농을 책임지었다. 이 때에는 소작농이란 개념의 영농방식은 없었다. 이 시기에는 농외소득은 없었다.

2. 소작농기(小作農期)

상신동의 농지는 1910년대 중반 서울에서 온 노름꾼(타자)을 앞세운 도시 상공인에 의하여 소유권을 빼앗겼다. 이들은 그 농지를 소유하지 못한 농민에게 소작으로 영농케 하였다. 대한민국 정부수립 후 농지개혁이 실시되기 전까지 소작농은 계속되었다. 이 시기 후반부터 상신동 사람들은 빈곤을 극복하려고, 자손들에게 도시 근로를 할 수 있게 교육도 시켰고, 기술도 가르쳤다.

3. 자작농기(自作農期)

농지개혁으로 상신동 농민은 모두 규모의 차이는 있으나, 자작농이 되었다. 농지의 소유규모가 적어 생활이 궁핍한 농가는 농외수입을 위하여 온갖 힘을 경주하였다. 토지의 매매가 자유롭게 되자 농지를 매각하고, 도시로 진출하는 사람이 생기기 시작하였다. 이농현상이 생긴 것이다.

4. 자작과 임대 병존농기(自作과 賃貸竝存農期)

농민들은 예로부터 영농자금과 교육비 등으로, 항상 궁핍하게 살고 있었다. 일부 부농을 제외하고는 교육비를 감당하지 못하고, 농지를 담보로 돈을 빌렸기 때문에 결국은 그 농지를 처분하게 된다. 농지를 처분하였으나 남은 농사를 지으며 살자니 인력은 남고 수입은 적어, 남의 땅을 임차하여 농사를 지었다. 임차료는 어우리 수준과 200평 한 마지기 당 쌀 한 가마니 값으로 시작하여 2000년 이후에는 모두 반 가마(5말) 수준으로 낮아졌다. 임차농들은 농지를 두고 도시로 진출한 사람의 농지를 주로 임차하여 벼농사를 하였다.

5. 위탁영농기(委託營農期)

위탁영농기란 임차농을 하던 사람이 그 규모를 키워 큰 면적의 벼농사를 경영하는 것을 말한다. 상신동에는 큰 규모의 위탁영농을 하는 사람이 있다. 영농 면적도 상당히 넓다. 위탁받은 면적에 따라 한 마지기(200평) 당 농지소유자는 일 년 단위로 못자리부터 추수까지 위탁하는 대가로 약 20만원의 대가를 지불한다. 영농 방식은 벼농사에 필요한 일체의 비배관리를 자기 책임 하에 한다. 벼 품종의 선택이나, 비배관리와 추수도 해주고 있다. 위탁자는 농사 이외의 일을 할 수 있어 좋고, 고령자는 일하지 않고도 가을이면 자기 농지에서 수확한 벼를 전량 걷을 수 있어 많은 사람이 선호하고 있다. 이 방식의 영농방식이 앞으로 개선되어 농업법인을 조직한다면, 잉여 인력은 도시 근로자로 수입을 창출할 수 있게 되어 농민의 가난을 면하게 해줄 수 있는 방안이 될 것 같다. 이 시기는 모든 작업이 기계화가 이루어지고, 농기계의 집중관리로 경비의 절감이 가능하게 된다.

위와 같은 시대적 변화를 겪은 상신동의 벼농사의 특징을 요약하면 다음과 같다.

첫째, 품종 개량으로 1900년대 초보다 단위당 생산량이 증가하였다.

둘째, 경지정리 등 경작 환경이 개선되어 비배관리가 편리하게 되었다.

셋째, 기계화 영농으로 생산인력이 감소하였다.

넷째, 수리시설이 완비되어, 수리안전답이 되었다.

다섯째, 농민의 고령화로 위탁영농이 되고 있다.

여섯째, 농가소득이 상대적으로 감소하여, 농외소득 없이는 농민은 빈곤을 면하기 어렵게 됐다.

이와 같은 변화로 장래의 영농방식은 기계화와 더불어 위탁영농이나, 조합형식 등으로 갈 수 밖에 없게 되었다. 역 소작농 형태가 된 것이다.

제 3 장

고난의 시대

제1절 자연재해

1. 홍수

상신동의 북쪽에 미호천이 흐르고 있다. 상신동은 미호천 직강공사가 완성되기 전에는 홍수에 시달렸고, 직강공사가 완료된 후에도 비가 많이 오면, 상신동, 원평동, 내곡동 계곡과 석남천(막내개울) 유역의 빗물이 미호천의 수위가 높아 미호천으로 흐르지 못하고, 미호천 제방 밖의 들(상신동 들)로 차올라 방죽 밑까지 침수되는 일이 빈번하였다.

상신동 들은 벼농사가 주 작물이었기 때문에 흙탕물속에 벼가 4~5일 침수되면 알배기 전에는 해캄 등 부유물 때문에, 알밴 후에는 가능심(벼의 어린이삭에 흙탕물이 들어가 어린 이삭이 부패하는 현상)이 가서 벼이삭이 출수되어도 벼 이삭이 하얗게 되던가, 쭉정이 벼가 되어 수확량이 줄게 된다.

다행히 산림녹화와 미호천 하상의 직강공사로 인하여, 천정천을 면하는 바람에 근년에는 큰 홍수 피해는 없었으나, 내수를 완전히 배수할 수 있도록 양수시설의 증설과 배수로의 정비가 요구된다. 더욱이 청주테크노폴리스 단지조성과 도로 신설로 비가 오면 빗물이 바로 흐르게 되어, 배수로의 배수능력을 재검토하여야 할 것이다.

상신동에서는 역대 가장 큰 홍수를 을축년 장마로 기억하고 있다.

2. 을축년 대홍수

을축년 대홍수란, 1925년 일본 강점기에 우리나라에서 발생한 네 차례의 홍수를 말한다. 첫 번째 홍수는 1925년 7월 11일과 12일에 우리나라를 지나간 태풍으로 인하여 금강, 낙동강, 만경강 등 강이 범람하였고, 그 중 낙동강 유역의 피해가 가장심했다고 한다. 두 번째 홍수는 1925년 7월 15일부터 18일까지 나흘동안 태풍이 우리나라의 중부지방을 지나갔는데, 그때 300mm~500mm의 비가 와 서울을 비롯한 경기도 지방과 충청북도의 북쪽 지방에 많은 피해가 있었다고 한다. 미호천 까치내 근처도 범람하여, 까치내 구 제방의 일부가 유실되고, 텃마루 집 10여 채도 이때 유실된 것으로 전해오고 있다. 세 번째 홍수는 1925년 8월에 압록강, 대동강, 청천강 등이 범람했고, 네 번째 홍수는 1925년 9월 6일 제주도 남쪽, 목포, 대구를 거처 동해로 빠져 나간 열대성 저기압으로 인하여 낙동강, 영산강, 삼진강 등이 범람한 홍수 등 네 차례의 홍수가 있었다. 네 차례의 홍수로 647명이 사망하고, 6,363채의 집이 유실되며, 17,045채의 집이 붕괴, 46,813채의 집이 침수되었다.

3. 가뭄(旱魃)

가뭄과 수해에 대한 우리 고장에 전해오는 이야기가 있다.

- 가뭄 피해는 전국적이고 홍수피해는 국지적(局地的)이다.
- 비가 많이 오는 해에는 풍년든다.

농민들은 홍수보다 가뭄을 두려워한다.

상신동의 벼농사는 주민의 피와 땀을 요구했다. 수리조합물이 들어오기 전의 물싸움은 이웃이나 형제간도 몰라본다. 미호천 직강공사 이전에는 해마다 범람하는 미호천 물을 막으려 구 제방도 만들었고, 가뭄을 극복하려고, 장들보도 만들고, 샘도 파고 인력으로 할 수 있는 온갖 노력을 했다. 가뭄이 심한 해에는 장돌보의 취수원인 무심천 물도 마르고, 샘과 방죽의 물도 바닥이 난다.

무심천의 장들보 취수문(현재의 문암동 생태공원근처에 현존하고 있다)으로 무심천이 천정천일 때에는 취수문을 열면 무심천 물이 보로 흘렀으나, 가뭄이 심하고 냇물도 마르고, 지하수위도 낮아지면서 보와 냇골의 낙차는 2m 이상 된다. 이렇게 되면 양수기로 퍼 올려야 했다. 장들보 몽리구역의 농사를 지을만큼 충분한 물을 얻으려 특수 제작한 양수기와 5마력짜리 발동기로 무심천 하상에 파놓은 냇골 물을 밤낮으로 퍼 올렸다. 이렇게 물을 퍼 올리면 무심천 지하수위가 더 낮아진다. 냇골을 더 깊고 길게 파야 했다.

냇골을 파는 것은 몽리구역 내의 경작인 몫이다. 이럴 때 군을 선다.

모래바닥에 파는 냇골은 하가래로 "똘을 친다"고 한다. 하가래는 넓은 철판에 손잡이를 만들고 양쪽에 세 사람씩 6명이 가래 줄을 당기고, 가래 장잡이 한명, 도합 7명이 한조가 되어 옆으로 퍼 올렸다. 밤낮없이 물을 퍼 올리다 보면 어김없이 비가 온다. 비가 많이 오면 양수시설이 떠내려 갈 염려가 있어, 한밤중이라도 취수문에서 2km 거리인 상신동으로 달려가 경작인들을 불러온다. 다행히 비가 흡족하게 오면 좋지만, 조금 내려 냇골만 메워버리면 다시 냇골을 파고, 제방 위에 올려놓은 양수설비를 운반해 와 다시 설치하는 법석을 떨며, 한여름을 지냈다.

우리나라에서는 1939년의 대한발이 역사상 최악의 한발로 알려지고 있다.

가뭄에는 계절에 따라 봄 가뭄, 초여름 가뭄, 마른장마라고 하는 여름 가뭄, 가을 가뭄, 겨울 가뭄 등이 있다. 농사에 필요한 물의 공급원이 비 밖에 없던 때(수리불안전 답)에는 농작물의 파종과 성장 시기에 가뭄이 들면, 대체작물이나, 구황작물을 심어야 했고, 비가 좀 늦게라도 오면, 때가 지났어도 대체작물을 파 엎고 벼를 심는 법석을 떨어야 했다. 요즈음 같이 농산물의 유통구조가 발달됐다면 대체작물과 주곡을 바꿔 먹을 수가 있었을 것이나, 오직 쌀. 보리위주의 식습관 때문에 크고 작은 가뭄에도 힘든 생활을 하였다.

제2절 소작료와 공출

1. 소작료

농지를 소유하지 못한 농민과 자기 노동력에 비하여 적은 농지를 소유한 농민은, 타인이 소유하고 있는 농지를 한시적(1년 단위)으로 경작하는 병작(竝作) 즉, 어우리 농사를 하였다. 병작이란 수확한 농산물을 땅주인과 경작인이 50%씩 나누는 방식이다. 구한말 도조법(賭租法)이 유행되면서 도조는 수확량의 3분의 1을 기준으로 삼는 정액제가 유행하였다.

그러나 19세기에 와서 상업적 농업이 유행하면서 도시 상공인이 많은 토지를 소유하게 되고, 그 지역 농민들에게 경작을 시키는 이른바 소작농업이 유행하게 되었다. 지주는 서울 등 도시에 살면서 경작지에서는 '마름'이라는 관리인이 지주를 대신하여, 소작인을 정하고 소작료를 거두어 지주에게 보내는 등 농장관리를 하였다. 1948년 대한민국 정부수립 후 1950년까지 이승만 대통령께서 실시한 농지개혁으로 소작농은 없어졌다.

상신동에서도 조 농장(지주 조준호)이라는 상업적 농장이 있었다. 농지개혁 전까지 정학수씨가 조 농장의 마름이었다. 마름의 가장 큰 역할은 소작인의 지정과 추수 후 소작료를 거두는 일이었다.

가을에 벼를 베면 조답마당이라는 큰 마당에 소작인 별로 벼를 옮겨와 마름이 지정한 날, 타작을 하고 마름은 소출량을 확인했다. 확인된 수확량의 지주 몫은 4.6제면 40%가 되고, 3.7제면 30%가 된다. 소작료를 제대로 못 내던가, 수확량이 타소작인보다 적으면 마름이 소작인을 바꿀 수가 있었다.

소작료는 이후 정액제로 바뀌고, 지주 몫은 전량 공출로 전환시킨 일제의 정책으로 벼 수확에 마름이 입회하던 관례는 없어졌으나, 공출량을 증가시키기 위한 일제의 착취로, 소작료의 비율은 50%를 넘게 되었다. 조국 광복과 더불어 소작료의 인하로 소작료가 4.6제로, 다시 3.7제로 인하하게 되었다.

2. 공출

상신동에서는 일본강점기의 공출로 벼 공출과 놋그릇 공출을 기억하고 있다. 1940년대 초 경상도와 함경도 지방에서 시작된 처녀 공출(일본군 위안부)은 우리 고장에는 없었다. 다만, 그때 강서면 서기로 징병 징용 담당업무를 하던 정모씨가 각 이장들에게 처녀공출이 실시될 듯하니 15세 이상 처녀는 빨리 결혼시킬 것을 권했다는 이야기가 전해오고 있다.

제2차 세계대전으로 많은 군량미가 필요했던 일제는, 1940년부터 공출제도를 실시하였다. 공출은 농민의 식량 정도만 남기고 전량 공출시켰으며, 지주 몫인 소작료에서도 지주의 식량 정도만 남기고 전량 공출시켰다. 공출은 전쟁 말기가 되면서 더욱 극성을 부려, 사실상 수확량 전량을 공출하도록 온갖 탄압을 하였다. 농민들은 타작할 때 수확량을 줄이기 위하여 볏 집에 벼가 남도록 거칠게 타작하던가, 벼 북디기에 벼를 넣어 북디기 가리를 만들었다가 공출이 마무리된 겨울철에 손질하여 식량에 보태는 등 식량확보에 사력을 다 하였다.

1945년 조국 광복과 대한민국 정부수립 후에도 식량사정은 여의치 못하여, 미국의 식량 원조와 구호양곡 없이는 식량공급이 어렵던 때가 있었다. 농민에게는 추곡매상이라는 형태의 정부양곡 확보정책이 있었으며, 다수확 품종개발로 탄생한 통일벼 덕택으로 단위면적당 벼 수확량이 타 품종(개량전 품종, 풍옥, 은방조 등)의 배를 넘게 생산할 수 있게 되었다. 식량 사정은 미국의 잉여농산물 도입과 다수확 품종으로 해결되었으나, 통일벼의 밥맛이 나빠 새로운 품종으로 대체되고도 주곡은 자급하게 되었다. 지금은 오히려 정부수매량을 증가시켜야 한다는 주장과 수매가격 현실화(생산비 보상 수준)를 요구하게 되었다.

놋그릇 공출은 일제가 전쟁말기에 탄피 등 제조에 필요한 구리합금의 수요가 증가하자, 각 가정에서 사용하고 있는 놋그릇과 제기의 수탈행위를 말한다. 아무런 보상도 없이 식구 수만큼의 숟가락만 남기고 몽땅 빼앗아갔다. 한 가지라도 덜 빼앗기려고 잿간이나 우물 속에 감추기도 하였으나, 일본 관헌은 모조리 뒤져 약탈해 갔다.

제3절 식량배급과 구황식품

1. 식량배급

우리나라에서는 일본강점기인 1939년의 한발이 가장 큰 피해를 준 가뭄이었다고 한다. 이때부터 식량배급이 시작 되었으며, 초기에는 일본인이 주로 거주하는 도시지역에서 실시하였다. 처음에는 전표를 발행하여 각 도시에 있는 양곡배급소에서 수령케 했으며, 1943년부터는 통장제로 바꾸었다. 농촌에는 초기에는 공출량을 정할 때 자가 식량 정도는 남겨두었으나, 일본 본토로의 수출량 증가와 전시 군량 확보를 위하여 강제로 사전 할당제를 실시하게 되었다. 농민에게는 대용식자재인 콩, 콩깻묵(大豆粕), 만주좁쌀(高粱) 등을 심지어 어박(정어리기름 짠 찌꺼기)까지 식량이라고 배급하였다. 그나마 부족하여 농민들은 초근목피 등 대용 식자재로 만든 식사로, 식중독과 부황병이 생기기도 하면서 연명하게 되었다.

강서면에도 식량배급소가 있었다. 배급소 책임자는 내곡동의 박준동씨였다. 덕망이 높아 한 톨이라도 더 나누어 주려 애쓰셨다는 칭찬을 받던 분이다. 배급량은 1941년에는 1일 성인은 2홉 7작, 노동자는 6홉이었으나, 1942년에는 성인 2홉 5작, 노동자는 5홉으로 줄었고, 1945년에는 성인은 2홉으로 줄고, 노동자의 배급량도 4홉으로 줄었다. 배급량의 잡곡 비중은 점점 높게 되었다. 잡곡으로는 콩과 콩깻묵이 주로 배급되었다.

2. 구황식품

농사의 풍 흉은 자연의 영향을 크게 받는다. 비가 적당히 오면 풍년이 들고, 가뭄이 심하거나, 큰 장마가 지면 흉년이 왔다. 그러나 천재지변이 아닌 때에도 일본 강점기에는 일제가 일본으로 쌀을 강제 수출시키고, 전시 군량미 확보를 위하여 쌀을 수탈해 갔다.

주곡인 쌀을 수탈했기 때문에 쌀 대용작물인 보리와 밀의생산을 권장했고 단위면적당 인구 포용력이 큰 감자, 고구마, 옥수수, 조, 수수 등 이모작을 권장했다. 벼를 수확한 논에 보리를 심도록 권장하였으며, 봄 감자를 논에 심도록 권장하는 등 구황 작물의 보급은 흉년이 아닌 수탈 후 호구책으로 경작하도록 강요되었다.

상신동은 비산비야의 지세로 산이 없고, 평야와 하천을 이웃한 지역이어서 구황작물이나, 구황식품이 다른 지역과 다르다.

상신동에서 식량 부족으로 굶주림을 면해보려 먹었던 구황식품을 구황작물, 구황식자재, 식량 늘려먹기, 대용식, 어린이 주전부리, 미숙곡식 먹기 등으로 나누어 설명한다.

(1) 구황작물

구황작물의 대표 작물로는 감자, 고구마, 옥수수, 조, 메밀을 꼽는다.

* **감자** 감자는 해동이 되는 3월이면 감자 싹이 나오는 눈을 기준하여 여러 개로 쪼갠다. 잘게 쪼갠 감자에 재와 인분을 섞은 똥재를 묻혀 하루쯤 말려 논이나 밭에 심었다. 밭에는 보리를 심었기 때문에 논에 심어, 6월 벼 심기 직전에 수확했다. 장마가 일찍 시작되면 캐지도 못하고 논에서 썩히게 되고, 비를 맞고 수확한 감자는 저장성이 떨어져 오래 두고 먹지를 못하였다.

* **고구마** 고구마는 싹을 사다가 심기도 하고, 임시 발열온상을 만들어 고구마 싹을 내어 그 싹을 잘라 심었다. 그 자른 자리에서 싹이 나서 크면 다시 잘라 심기를 반복하며 5월 말경까지 심었다. 처음에 보급된 고구마 품종은 달고 단단했으나 1940년경부터 일제는 다수확 품종이라고 오끼나와에서 왔다는 물고구마를

권장하였다. 물고구마는 수분이 많고, 찌면 질퍽하여 식감이 나쁘나, 수확량은 이전 고구마보다 많았기 때문에 많아 심게 되었다. 그러나 고구마는 춘궁기(보릿고개)가 지난 가을철에 수확되어 구황식 역할은 크게 하지 못하였다.

* **옥수수** 옥수수와 조, 수수 등은 밭 둑이나 메마른 땅에서도 잘 성장하여 콩밭이나 보리 후작물로 많이 심었다.

* **조** 조는 밥밑이나, 떡, 죽으로 이용되었다.

* **수수** 수수는 밥밑 또는 떡, 특히 수수팥떡이나 수수부꾸미로 활용되고, 옥수수는 수확하면 어린이 주전부리 감 이었다.

* **피** 피(벼과 한해살이 풀)의 이삭이 여물면 극히 적은 양이지만 따로 수확하였다가 피죽이나, 밥밑으로 사용하였다.

* **메밀** 메밀은 까치내 냇가 밭에 많이 심었다. 가뭄이 심할 때에는 논에도 벼 대신 심었다. 벼는 6월 말경까지 심어야 되지만 메밀은 8월 초까지 심어도 결실이 되고 특히 메밀 싹과 꽃은 데쳐서 나물이나 죽을 쑤어 먹었다.

(2) 구황 식자재

구황 식자재로는 식용작물의 부산물, 곡물의 가공 잔재물, 산야초의 잎・줄기・뿌리와 열매로 나눌 수 있다.

* **식용작물의 부산물** 식용작물의 부산물로는 무・배추시래기, 고구마 줄기, 토란 줄기 등을 먹었다. 시래기는 나물이나 국거리로 하였으며 밥에도 넣어 밥의 양을 보태는데 활용되었다. 고구마와 토란줄기는 나물이나 국거리로 이용되었고, 지금도 즐겨먹는 식자재가 되었다.

* **곡물의 가공 잔재물** 곡물의 가공 잔재물로 사람이 먹었던 것은 쌀겨와 보릿겨, 밀기울, 콩비지, 싸래기 등이다.

  쌀겨와 보릿겨는 가축의 사료였으나, 워낙 굶주리다 보니 그 사료를 사람이 먹게 되었다. 보리빵 또는 보리개떡이라 알려진 요즈음의 식품은 보릿겨에 콩이나 팥을 섞어 찐 것으로 정확히 말하면 보릿겨 개떡이다. 밀기울은 우리 농민이 생산한 밀을 제분할 때 처음에는 그 껍질을 벗기고 다음으로 밀가루를 만든다.

밀기울은 처음에 벗긴 껍질에 해당되는 부분으로, 이것도 가축의 사료였으나 굶주림 때문에 사람이 먹었다. 밀기울의 용도는 누룩을 만들거나 개떡을 만들어 먹었고, 심지어 밀기울 죽을 쑤어 먹기도 하였다. 콩비지는 콩으로 두부를 만들 때 콩 껍질과 콩물 걸러내고 남은 찌꺼기로, 이것 역시 가축의 사료로 사용하던 것을 사람이 먹게 된 것이다. 콩비지로는 비지떡도 만들고, 발효시켜 된장과 섞어 비지장으로 만들어 먹었으며, 돼지고기와 배추를 섞어 만두소를 만들어 먹기도 하였다.

※ **산야초의 잎 · 줄기 · 뿌리와 열매** 산야초의 잎 · 줄기 · 뿌리와 열매로는 말나물(수초종류) 쑥, 냉이, 머위, 돼지감자, 메 뿌리, 도토리 등이 있다.

말나물은 얼음이 녹기 시작할 무렵인 2월경에 개울이나 연못에서 자라는 수초로 녹색이며, 연하고 부드럽다. 무채와 섞어 먹기도 하고 초무침을 하기도 하며, 말려서 장아찌로도 활용하고, 춘궁기에는 죽으로도 만들어 먹었다. 쑥은 국거리와 쑥버무리로 만들어 먹었으며, 너무 자란 쑥을 먹어 식중독이 된 일도 있었다. 냉이는 이른 봄, 눈이 녹으면 제일 먼저 먹는 나물이다 주로 국이나 죽 또는 나물로 먹었다. 머위는 봄부터 가을까지 그 줄기를 먹는다. 잎은 어릴 때 삶아서 나물로 먹었고, 줄기는 껍질을 벗겨 말렸다 먹거나 데쳐서 나물로 먹는다. 돼지감자는 그 뿌리부분에 있는 구근을 먹었다. 날로도 먹고 삶거나 구어서도 먹으며, 당뇨병에 유익한 식자재로 알려져 있다.

메 뿌리는 야생 메(나팔꽃과 비슷 하지만 꽃이 작다)의 뿌리로 이른 봄 그 싹이 나오기 전 뿌리부분을 먹었다. 주로 논두렁에서 캐며, 어린이들의 주전부리 감이었다.

도토리는 참나무과 식물의 열매다. 가을철에 수확한다. 농사가 흉년인 해애 더 많이 달린다는 속설이 있을만큼 구황 식자재로 유용하게 이용됐다. 도토리는 가루로 만들어 물에 담가 떫은 맛을 뺀 다음, 말려 가루로 만들어 밥에도 넣고, 묵으로도 만들어먹고, 국수와 수제비, 전 등으로 활용하였으며, 묵가루 만들 때 걸러낸 찌꺼기 즉, 도토리 무거리는 밥에도 넣어 먹었다.

(3) 주식 늘려먹기

주식인 쌀과 보리의 부족량을 메꾸려 죽, 나물밥, 떡, 국수, 수제비, 술지게미, 미숫가루 등을 먹었다.

* **죽** 많이 먹은 죽은 시래기나 산야초를 넣고 끓인 나물죽이며, 콩죽과 팥죽, 풀대죽(밀가루나 메밀가루로 풀을 쑤듯 묽게 끓인 죽으로 시래기나 산야초 말린 것을 넣기도 한다)을 만들어 먹었다. 보리죽은 겉보리를 볶아 가루로 만들어 쑤는 죽과 보리쌀을 푹 삶아 으깨어 물게 쑤어 먹는 죽이다.

* **나물밥** 나물밥으로는 콩나물밥과 무밥을 많이 해먹었으며, 시래기밥도 자주 해먹었다. 상신동에는 산이 없어 산나물이 없기 때문에 곤드레 밥 같은 산나물밥은 없었다. 봄철에는 김장김치를 넣어 만든 김치밥도 해먹었다. 날씨가 따뜻해지는 늦은 봄에 김장김치가 부패할 염려가 있을 때 먹었다.

* **떡** 떡은 쌀로 만드는 것이 보편적이다. 그러나 식사대용으로 한 끼를 때우기 위하여 만들어 먹은 떡이 있다. 보리개떡, 밀가루개떡(밀기울 개떡), 쑥버무리, 비지떡, 무떡 등이 그에 속한다. 보리개떡은 겉보리를 보리쌀로 만드는 도정과정에서 발생하는 보릿겨로 만든 개떡이며, 밀가루개떡은 밀가루에 콩 등을 넣어 만든 개떡으로 쌀이 귀했던 시절 떡 대용으로 먹기 위하여 만들어 먹었다. 쑥버무리는 쑥떡하고 구별된다. 쑥을 많이 넣고 싸래기(벼 도정과정이나 덜 여물어 토막 난 쌀) 가루나 밀가루를 묻혀 찐 것으로 쑥이 떡의 3분의 2를 넘는 떡이다. 비지떡은 "싼 것이 비지떡"이라는 속담이 있을 정도 맛도 없고 볼품도 없었다. 일반 시루떡 만들 때와 같게 비지에 약간의 밀가루나 쌀가루를 섞어, 고물을 넣고 켜를 만들어 찐 떡이다. 무떡은 쌀가루에 무말랭이나 무채를 넣고 만든 시루떡으로 떡의 분량을 늘리기 위하여 만들어 먹었다.

(4) 대용식

※ **국수** 국수 중 대용식과 분량 늘리기 위하여 만들어 먹은 것은 누른국이라는 칼국수로 밀가루나 메밀가루로 국수(면발)를 만들어 끓는 물에 넣어 면발이 익으면 뜨거울 때 먹었던 국수다. 분량을 늘리기 위해 김치를 많이 넣었다.

※ **수제비** 수제비는 밀가루, 메밀가루, 등으로 만들며, 거친 가루로 만들기 때문에 묽게 반죽하여 주걱에 펴놓고 숫갈총으로 떼어 넣어 만들었다.

※ **술지게미** 술지게미는 가양주가 밀주단속으로 없어졌기 때문에, 청주 시내에 있는 양조장에 가서 사다가, 물을 조금 섞고 사카린 같은 감미료를 넣어 끓여 먹었다. 그것을 아침 식사라고 배불리 먹고 학교에 간 학생이 일본인 교사로부터 학생이 술 마시고 등교했다고 야단맞은 뒤, 부모를 호출하여 퇴교를 강요받은 일도 있었다.

※ **미숫가루** 미숫가루는 간편한 대용식으로, 먼 길을 떠나거나 먼 곳으로 일하러 갈 때 유용한 대용식이다. 일제의 수탈이 심했던 시기와 한국전쟁으로 피난길을 떠날 때, 재료가 없으면 겉보리를 볶아 곱게 빻아 감미료를 약간 섞으면 구수하고 든든한 대용식이 되었으며, 보리마저 없을 때에는 밀가루를 볶아 미숫가루로 만들기도 하였다.

(5) 어린이 주전부리

주전부리란 끼니로 먹는 음식이 아닌 간식이나 기호식품을 말하는데 식량이 부족하고, 어린이들의 간식과 영양보충 등 허기진 배를 채우려 어른들이 마련해주거나 어린이들이 스스로 야생에서 찾아 먹었다. 먹어도 독이나 부작용이 없는 것으로, 상신동 어린이들이 즐겨 먹었던 주전부리는 풀 뿔리, 나무껍질, 산야초 순과 열매, 미숙곡물, 동물(곤충)구워 먹기로 나눌 수 있다.

※ **풀뿌리** 어린이들이 즐겨 먹던 풀뿌리는 올미, 하늘타리 뿌리, 잔대뿌리, 메뿌리 등이 있다. 올미란 논이나 개울가에서 자생하는 잡초의 일종으로 3~5월 논에 모심기 직전까지 물이 없는 논바닥에서 자란 올미(올무라고도 함)의 뿌리 부분을

먹었다. 맛은 달짝지근하며 크기는 직경이 약 1cm 정도까지 크고 속살은 희다. 하늘타리 뿌리는 야산의 잡초 속에서 자라는 다년생 초본으로, 봄철 넝쿨이 많이 자라기 전에 그 뿌리를 캐어 날로 먹었다. 맛은 씁쓰름하고 섬유질이 많아 약간 질겼다. 캘 적에 하늘을 보이면 맛이 더욱 쓰다고 하여 캐면서 웃통을 벗어 가리고 껍질을 벗기고 먹었다. 잔대뿌리는 상신동의 서낭댕이 고개 양옆 산과 산방축 워낭고개 주변 산에 많았다. 맛이 좋아 먹기도 좋은데 그 양이 적어, 아는 어린이들끼리만 캐 먹었다. 메는 구황 식자재로 쓰이던 나팔꽃 비슷한 야생초로 씨와 뿌리로 번식하는 넝쿨식물이다. 봄철 싹이 나올 무렵 뿌리부분은 번식을 위하여 땅속에 많은 뿌리가 희고 길게 뻗어 있다. 그것을 말려 가루로 만들면 밀가루나 메밀가루 같이 국수, 수제비 등 식자재로 하는 것을 어린이들이 캐서 주전부리로 날로 먹었다. 맛은 달짝지근하고 연하다.

✻ **나무껍질** 나무껍질은 상신동에 산이 적기 때문에 오직 소나무(적송) 속껍질인 송기만을 해먹었다. 송기는 말려 가루로 만들어 죽 수제비 등을 만들어 먹었다. 어린이들은 일년생 새순의 아랫도리를 벗기고 비틀어 솔잎과 껍질을 잡아당겨 뽑은 후 솔잎을 떼어내면 껍질까지 벗겨진다. 남는 것은 흰 속껍질이며 그것을 먹었다. 맛은 달고 연하고 껌을 씹는듯하다. 많이 먹으면 변비에 걸린다고 한다.

✻ **산야초 열매와 순** 산야초의 열매로는 산딸기와 뱀딸기 열매를 먹었다. 뱀딸기는 맛이 별로 없어 안 먹었으나, 워낙 먹거리가 없던 시절이라 어린이들은 많이 따먹었다. 뱀딸기는 말려서 한약재로도 사용한다. 산야초 순은 주로 삐삐기를 많이 뽑아 먹었다. 삐삐기는 띠풀의 새싹을 말하며 잎이 나오고 꽃순이 나올 때쯤 먹는데 맛이 좋다. 달고 연하지만 좀 늦게 뽑아 먹으면 질겨 먹을 수가 없다.

✻ **미숙곡물** 미숙곡물은 주로 밀과 콩을 먹었다. 아직 수확기가 안된 밀과 콩을 불에 익혀 손으로 비비면 밀알과 콩알이 나온다. 그것을 깨끗하게 까불러 기름과 소금을 조금 넣어 잘 섞어 먹었다. 이것은 어른들이 만들어 줄 경우이고 애들끼리 서리를 해서 구워 먹을 때에는 불을 피워 그슬린 다음 웃통을 벗어 부채

질하여 재를 날려 주워 먹었기 때문에 잎 언저리에 재가 묻어나 서리해 먹었다고 자랑하는 꼴이 되기도 하였다.

* **동물**(곤충)**구워 먹기** 동물구워 먹기는 어린이들에게 인기 있는 주전부리 감이었다. 먹는 소동물(小動物)은 개구리, 메뚜기, 땅개비(땅개), 땅강아지 등과 새알이다. 개구리는 참개구리 뒷다리를 구어 먹었다. 맛이 좋았다. 메뚜기, 풀무치, 방아개비, 땅강아지 등은 꾸러미에 꽂아가며 잡는다. 불에 구어 먹는데 맛이 좋았다. 메뚜기는 가을철 벼가 익을 무렵이 한창이고 다른 땅개비는 늦은 여름철과 가을이 제철이다. 새알은 까치알과 물새알(쇠제비갈매기: 상신동에서는 꿀링이라 함)을 주어다 점토로 싸서 불에 구워 먹었다. 물새알은 장마철인 6월 하순부터 7월 중순까지가 산란기인 꿀링이 알을 까치내 개울 가운데 자갈밭에서 주어다 구어 먹었다.

(6) 미숙곡식

보릿고개나 벼 수확직전 주식인 쌀과 보리쌀이 부족할 때 양식 감을 마련하기 위하여 덜 익은 보리나 벼를 베어 훑태로 훑은 뒤 시루에 넣어 살짝 익혀, 말려서 절구에서 절구질로 알곡을 만들어 밥을 해 먹었다.

제4절 교육비 조달

1939년 큰 가뭄 이후, 상신동 주민의 살림은 극도로 궁핍해 졌다. 그 때의 어려움을 극복하려는 상신동 주민의 피와 땀을 흘린 사실을 후세에 알리기 위하여 상세히 기술한다.

궁핍한 살림에도 장래를 위하여 자라나는 후세를 가르치고 배불리 먹이려는 노력을 게을리 하지 아니하였다. 적령기에 있는 어린이 중 남자아이는 거의 모두 초등학교에 입학시켰으며, 여자아이들도 내곡초등학교 개교 후에는 모두 취학시켰다. 성적이 우수하면 중학교에 진학시켰으나, 학비 조달이 어려워 열무 장사, 장(醬)

장사, 기름 장사, 참외 장사, 왕골자리 장사, 무명 장사 등 닥치는 대로 하였으며, 일부 잉여 노동력은 이웃 동네 또는 도시 노동자로 품팔이를 다녔다.

* **열무 장사** 열무 장사는 자기 소유 밭이 있는 사람이 콩 또는 목화를 심을 때 열무 씨를 뿌려 놓았다가 6월부터 8월 말까지 매일 콩밭(목화밭)에 있는 열무를 솎아, 희미한 석유등불 밑에서 단으로 만들어 새벽 닭이 울고 먼동이 틀 무렵이면, 광주리에 담아 머리에 이고 무리지어 한 시간 반 정도 걸리는 청주 시내로 간다. 각각 서로 다른 구역으로 가면서 "열무 사세요"를 외치고 다니면서 다 팔아야 집으로 돌아오시었다. 못 다 판 열무는 시장통으로 가서 가게에 헐값에 넘겨주었다. 그 열무 장사를 열무가 없어 질 때까지 하루도 빠짐없이 한여름 다녀야 2학기 학자금의 일부라도 보탤 수 있었다. 그 때 상신동 중학생으로 용돈을 가지고 다닐 수 있는 학생은 없었다.

* **참외 장사** 참외 장사는 자기 밭이 있고, 참외를 심은 사람들만 할 수가 있었다. 자기네는 못생기고 과숙한(골은) 참외만 먹고 성한 것은 모조리 저녁때 따다가 열무 장사 아주머니들이 떠날 때 지개에 지든가 광주리에 담아 이고 청주로 갔다. 광주리로 이고 간 참외는 골목을 누비며 참외 장사를 했으나, 지게에 지고 간 참외는 큰 길목에서 팔았다. 그 때 상신동에서 많이 심은 참외는 청참외라고 하는 겉쪽은 연록색이고 속은 분홍색의 매우 단 참외였다.

* **장 장사** 장(醬) 장사는 조국 광복 후로부터 1950년대 말까지 열무나 참외를 심을만한 밭이 없는 집에서 학자금 마련과 호구책으로 된장, 고추장, 간장 등을 만들어, 주로 청주의 난민촌을 다니면서 팔았다. 그 때 만들어 팔았던 고추장은 전통 고추장과는 다른 방법으로 담았다. 보리고추장, 밀고추장, 고구마고추장 등이다. 장 담그는 방법은 음식문화 소개 시 상술하겠다.

* **기름 장사** 기름 장사는 주로 들기름과 참기름을 팔았다. 이것 역시 참외나 열무를 심을 밭이 없는 분들이 학자금 조달을 위하여 시작했으며, 조국 광복 후부터 1960년대까지 청주로 나가 팔았다. 그 중 한 분은 서울로 진출하여 지금도 서울의 한 재래시장에서 방앗간과 기름집을 겸영하고 있다.

※ **왕골자리 장사** 왕골자리 장사는 겨울에 한다. 여름철에는 논 구석에 왕골을 심어 가을에 수확하여 말렸다가, 겨울 농한기에 왕골을 쪼개어 펴가지고 자리틀에서 맨다. 자리 한 장 만드는데 약 5일이 소요됐다. 상신동에서 만드는 자리는 겉은 왕골로 하고 속은 볏집을 넣어 맨다. 엮는 끈은 노끈이라 하며 청울치(칡속껍질)를 손으로 비벼 꼰 끈이다. 부지런한 사람은 매 장날(2일과 7일)한 장씩 팔던가 모아 팔았다. 소래울 사람들도 자리를 많이 만들었다.

※ **무명 장사** 무명 장사란 목화를 수확하여 잘 말려 씨아에 넣어 씨를 뺀 다음 솜틀집에서 곱게 타오면, 솜을 대나무 또는 수수강이로 말아(약 30cm 정도의 길이로 고추라 한다) 문래로 실을 뽑아 베틀에서 무명천을 짠다. 그 무명으로 옷을 만들고 이불이나 요도 만들지만, 학자금을 마련하느라 거의 모두 시장에 내다 팔았다. 일제가 목화 공출을 시작하면서 중단됐으나, 조국 광복 후 다시 시작했다가 경지정리로 밭이 줄고, 광목과 나일론 등 합성 섬유가 대중화되면서 길쌈은 없어졌다.

제5절 땔감(연료)과 식수

1. 땔감(연료)

※ **곡초** 상신동에는 산이 적어 땔감은 곡초가 주종을 이루며, 더러는 산이나 밭둑에 아까시나무 등 연료용 나무를 심어 해마다 9월쯤 베어 말린 것을 땔감으로 사용했다. 곡초로 화력이 좋은 것은 콩깍지, 깨짚, 수숫대 등이며 볏짚과 보릿짚은 취사용으로는 요긴한 연료였으나 난방용(군불 땔감)으로는 화력이 약하나 쉽게 구할 수 있는 중요한 땔감이었다. 곡초와 일부 초본으로 한겨울 나기가 어려웠다.

※ **나무하러 가기** 가을걷이가 끝나고 지붕도 해인 뒤 상신동 사람들은 매일 먼 산으로 나무하러 다녔다. 주로 오창읍과 옥산면의 차령산맥 지류의 산에 가서 낙

엽, 잡초, 관목(섭대기) 등을 한 짐 해 가지고, 오후 늦게 미호천을 건너왔다. 그나마 마음대로 할 수 있는 것이 아니고 산주인의 눈을 피해가며 나무를 해 와야 했으며, 멀리는 몽다니고개(경부고속도로 옥산휴게소 서울방향 첫 고개) 너머까지 시오리 길을 가서 해 오기도 했다. 상신동 사람이 미호천 건너 산으로 나무하러 다니는 것과 대조적으로 화계동 사람들은 상당산성 너머 낭성면 쪽으로 나무하러 다녔다. 나무하러 먼 길을 갈 수 없는 노년층과 아이들은 근처 산에 가서 잔디 등 풀을 베어왔다. 부지런한 사람은 고주백이(어린나무 뿌리)를 캐오기도 하여 산림의 황폐화를 가속시키고, 산사태까지 유발되는 산림 착취를 하였다. 상신동에는 초가집이 많았다. 해마다 볏짚으로 지붕을 해이다 보니 썩은 이엉이 지붕에 겹치게 된다. 연료가 넉넉한 집은 지난해 해인 이엉위에 새이엉을 덮어 씌운다. 그렇지 못한 집은 해마다 썩은새를 벗기고 해인다. 땔감을 마련하기 위함이었다.

＊ **집발매** 집발매라는 말이 있다. 발매란 벌목의 사투리다. 낡은 집을 헐어 목재와 썩은새는 연료로 하고, 흙벽이나 방고래 흙은 논의 객토용으로 쓰기 위하여 낡고 흙담이나 흙장으로 지은 집을 택하여 개축을 권하고 허물어 쓰는 것을 집발매라 했다.

여러 가지 방법으로 월동 연료를 확보했으나 절대량이 부족하고, 집 구조도 허름하여 추운 겨울 나는데 많은 고생을 하였다. 혹자는 장작을 사다 때면 될 것을 왜 고생하느냐고 하지만 돈이 없어 추위에 떨며 살았다고 전하고 싶다.

2. 식수

식수로는 동네 앞 구레에 있는 우물(상신동 보존우물)과 위남예 샘(지금은 없어짐) 강일모의 집 앞 샘 등이 전부였으나, 1920년대에 들어와서 5개의 우물이 생기고, 1950년대에 10여 개의 우물이 또 생겼다. 그러나 지하 수위가 점차 낮아지고 수질도 악화되어 폐정이 늘어났다. 관정이 보급되면서 그 중 상당수는 관정으로 바뀌었다. 부락 공동 간이 상수도도 만들어 보고 했지만 청주시의 상수도가 들어온 2006년까지는 먹을 물이 풍족하지는 못하였다.

제6절 전매와 술 단속

1. 전매

전매란 국가가 재정수입을 목적으로 생산과 판매를 법률로 정하여 독점하는 행위를 말한다.

일본 강점기에는 담배, 홍삼, 소금 등을 조선총독부에서 생산과 유통 판매를 독점하였다. 조국 광복 후에도 전매청을 두고 홍삼, 담배, 소금 등을 전매하여 재정 수입을 증가시키려 전매사업 특별회계를 두고 독립회게를 실시하였다. 소금은 염전의 증가로 천일염 등이 자급되면서 1961년 말부터 완전 민영화 되었다. 담배와 인삼은 정부의 재정수입을 위하여 전매청이 담배인삼공사로 전환되기는 하였으나, 아직도 전매사업을 하고 있다.

* **담배** 상신동에서 전매사업 때문에 고통 받은 시기는 일본 강점기와 소금이 전매가 없어진 1961년 사이였다. 일본강점기에 담배는 경작으로부터 제조, 유통까지 독점하여, 담배농사를 지으려면 연초경작조합에 가입해야 했다. 생산된 담배는 엽연초와 황색연초로 구분된다. 엽연초는 햇볕에 말린(양건) 것이고, 황색연초는 재배 방법은 같으나 건조 과정이 달라 화건 이라고 하며, 건조실에서 화력으로 말린다(이 과정을 찐다고 한다). 건조가 끝난 담배는 겨우내 손질하여 이듬해 1월경에 전량 공판장으로 가지고 가 등급에 따라 다른 값을 받고 매각한다. 상신동에서는 일제 강점기에 양건 담배를 생산한 집이 대여섯 집 있었고 화건하는 건조실도 여섯 채나 있었다.
* **순쓰리** 담배농사를 지으면서도 자기가 피울 담배는 풍년초 라는 봉지담배와 권연을 사서 피워야 했다. 돈이 귀한 시절이라 사서 피울 수가 없어, 담배 잎을

딴 자리에 나는 순이나 상품 가치가 없는 작은 잎을 잘게 썰어 말린 순쓰리라는 담배를 만들어 잘 말려 피웠다. 일본 관헌이 이것을 알고 담배 수확이 불가능한 싹은 미리 제거하도록 하였으며, 이 조치에 반감을 가진 농민은 뽑으라는 담배 줄기를 베어내고, 그곳에 새순이 나오면 그것도 순쓰리를 만들었다. 만일 순쓰리한 것이 발각되면 이듬해 담배 경작권을 박탈당하고 담배씨 공급대상에서 제외시키는 등 고통을 받았다. 이때 젊은이들 중 가난 때문에 담배를 살 돈이 없는 사람들은 호박잎 담배라든지 영모초 잎 같은 것을 말려 종이로 말아서 피웠다.

* **소금** 소금은 일 년에 봄, 가을 두 번 배급이 나왔으나 절대량이 부족했다. 상신동에서는 김장 소금을 아껴 장 담그는데 사용했다. 간장 담을 때 소금과 물의 정량보다 많은 소금물을 붓고, 소금이 부족할 때 간장으로 김치 등을 담아 그것을 짠지라 불렀다. "반찬등속" 등 전래의 조리책에도 그 특징이 기록되어 있다. 상신동에는 짠지류가 유난히 많다. 소금과 조기나 젓갈류 등을 넣어 담근 김치는 김치라 했고, 간장을 넣어 담근 김치는 짠지라고 한다.

2. 밀주 단속

술은 전매가 아니면서도 주세 증수를 위하여 가양주(가정에서 농주 등자가 소비용으로 담가 먹는 술)를 밀주라 하여, 범죄 행위라며 단속했다. 양조장의 협조를 얻은 세무서원이 양조장 술이 덜 팔리는 마을을 중점적으로 술과 누룩을 뒤졌다. 발각되면 술과 누룩은 폐기 처분됐으며, 술 단속은 일본 강점기와 광복 후 1970년대까지 전담 요원을 두고 심한 단속을 했다.

상신동에는 좋은 술을 담글 줄 아는 분이 여러 명 있었으나, 가양주 금지조치로 그 명맥이 끊어졌고, 구전으로 겨우 제조 방법이 전해오고 있다.

술 단속이 오면 제일 먼저 근일에 제사가 드는 집을 찾아간다. 그 소문이 퍼지면 치워 버릴까봐 단속원의 일부는 앞산에 올라가 동네 망을 본다. 분주하게 움직이는 집이 단속대상이 되고, 영락없이 들켰다.

제7절 빈곤의 악순환

"가난은 나라도 못 구한다"는 속담이 있을 정도로 농촌의 빈부 격차는 가난한 농민의 생활을 어렵게 하여 왔다. 가난한 사람이 겪는 가난의 형태는 돈이 없거나 양식이 떨어지는 것이다.

※ **고리채** 돈이 필요할 때 농촌에서 돈을 마련하는 방법은 곡식 등 농산물을 내다 파는 것이다. 내다 팔 농산물이 없을 때에는 하는 수 없이 돈을 빌리는 것이다. 연줄이 있어 금융기관에서 돈을 빌릴 수 있는 사람과 광작하는 사람은 먹을 양식에 여유가 있어 곡식이나 가축 등을 내다 팔아 돈을 마련할 수 있지만, 가난한 사람은 그렇지 못하여 고리채를 얻어야 했다. 일제 강점기나 1961년 농촌 고리채 정리 전에는 고리대금업자나 같은 동네 부잣집에서 고리로 돈을 빌렸다. 그 이자로 심한 경우 년 30%~50%의 이자를 주기도 하였으며, 연체라도 하면 연체 이자는 년 70%라는 엄청난 이자를 받아 갔다. 일제 강점기에 금융조합에 친소가 있는 사람은 저리의 자금을 융자 받아 가난한 사람에게 고리로 돈 놀이 하던가, 다급해서 토지를 매각하는 가난한 사람의 토지를 헐값에 사서 부농이 되던 시절이 있었다. 이 관행은 조국 광복 후에도 성행하여 웃돈을 얹어주고 대부받아 땅을 사서, 한 해 농사지으면 조합돈을 갚을 수가 있어 부익부 빈익빈 현상은 더욱 심하게 되었다.

※ **장리쌀** 가을에 추수가 끝나도, 양식이 부족하여 보릿고개를 넘기기 어렵거나 전년도에 장리쌀을 얻어먹고, 그 장리쌀을 갚기 위하여 또 장리쌀을 얻어야 했다. 장리쌀은 조선시대 환곡으로부터 유래한다고 한다. 환곡은 흉년이나 춘궁기에 구휼 목적으로 국가에서 곡식을 꾸어주고, 이듬해 추수가 끝나면 약간의 이식을 붙여 반환하던 환곡제도가 변질하여, 처음에는 연리 10% 정도였던 것이 연리 50%로 변질되었다. 장리쌀하면 으레 빌린 쌀의 50%를 보태어 갚는 것으로 인식되고 있으나, 춘궁기(보릿고개)에 빌려 가을에 상환하면 불과 6개월 만에 50%의 이식이 발생한 셈이 된다. 이렇게 이율이 높기 때문에 장리쌀을 마을 친목모임(연반계, 대동계)의 기금 증식 수단으로 많이 이용되기도 했다. 가을

에 장리쌀을 갚고 나면 또 양식이 부족하여 장리쌀을 얻고 가을에 갚고, 또 얻고를 반복하다 보면 평생 가난을 면하지 못하는 악순환이 반복되고 있었던 것이다.

* **고지** 양식이 부족한 사람은 고지(雇只)라는 노동임금 선수제도를 이용했다. 고지란 일정 면적당 벼농사 짓는데(모심고 매고 풀 뜯는데) 필요한 인력을 정하고, 그것을 쌀로 환산하여 선수하는 제도다. 일손이 남는 가난한 사람이 일손이 부족한 부농한테 얻어오는 것으로, 고지를 준 사람이 원하는 날 모심고, 논매고(벼 베는 일까지 포함시키는 경우도 있었다)해야 했다. 이 제도는 영농 기계화가 진행되면서 없어졌다. 고지는 혼자 먹는 경우도 있고, 여럿이 공동으로 먹는 경우도 있었다. 혼자 먹은 경우에는 품앗이 등으로 그 일을 했다.

* **머슴** 잉여 노동력이 있는 농가는 그 중 한 사람을 장기(1년 단위)고용 노동인 머슴으로 보내기도 하였다.
머슴은 상머슴, 중머슴, 하머슴으로 구분하여, 상머슴일 경우 일 년 새경이 쌀 아홉 가마 정도하다가, 머슴 구하기가 어려워지자 10가마 이상 준 경우도 있었다. 머슴 본가에 양식이 부족하면 선색을 주는 경우도 있다. 선색은 장리쌀 같이 이자를 계산하지 않고, 새경 총량에서 선색 준량을 빼고 가을에 나머지를 지급했다.

* **입도선매** 농가에서 여름철에 돈이 필요(주로 학자금)할 경우에는 입도선매하는 경우도 있었다. 입도선매란 논에 있는 벼가 익기 시작할 무렵 미리 수확될 벼를 매각하는 방법이다. 추정 수확량에서 이자 상당액을 뺀 가격으로 매각하며, 이율이 높아 사회적 물의가 발생하자 농업협동조합에서 저리의 영농자금이 융자되어 입도선매는 없어졌으나, 무 배추 파 등은 아직도 도시 농산물 수집상을 중심으로 선매되고 있다.

* **배메기** 배메기라는 축산물 분배제도도 있었다. 배메기는 부농이나 도시 상공인이 암소를 사주면 그 소를 농사일과 새끼번식용으로 사육할 농가(소가 필요하나 집안 형편상 구매할 능력이 모자란 농가)에서는 일 년에 송아지 한 마리씩 낳아 길러서 그 송아지가 크면 소 주인이 송아지는 가져가고, 암소는 계속하여 사육

하게 하는 증식방법이다. 상신동의 강종원씨 고조부께서는 많은 배메기 소를 가지고 계셨다고 전해오고 있다. 닭의 경우는 닭을 키우고 싶은 농가에서 닭을 많이 치는 농가의 암탉을 얻어와(그 닭이 낳은 알 20여개 포함) 병아리를 까고, 그 병아리가 크면 암탉과 병아리 반을 주인에게 돌려주는 제도로 부유한 이웃과 사이가 좋아야 얻어 올 수가 있었다.

제8절 증산과 비료

농작물의 증산은 농민의 최대 과제이며 소원이다. 농작물의 증산에 필수적인 요소가 거름이다. 거름은 퇴비, 동물의 배설물, 축사의 바닥 깔개, 재, 화학비료, 객토 등이다.

※ **동물의 분뇨** 화학비료가 나오기 전에는 인분(소변 포함) 개똥, 소 외양간 바닥 깔개, 돼지 울 바닥 깔개, 닭똥(계분) 등을 모아 숙성(삭힌다고 함)시켜 저장하였다가 필요할 때 시비했다. 더러는 재와 섞어 똥재로 만들어 시비하기도 하였다. 겨울철 이른 아침(밝기 시작 할 무렵) 동네 집근처에 가보면 오쟁이를 메고 개똥을 주우려 다니는 사람을 볼 수 있었다. 주어온 개똥은 인분 숙성용 큰 저장 통에 넣어 인분에 보탰다. 겨울밤에 동네 마실간 사람도 소변이 마려우면 슬며시 나와 집에가 소변을 보고 다시 놀던 사랑방으로가 밤늦게까지 놀았다고 한다. 1950년 초까지 상신동에는 큰 인분 통이 있는 집이 없었다. 대동계에서 콩크리트 저장 통을 만드는데 필요한 형틀을 만들기로 하였다. 직경 2m, 깊이 1m 80cm 정도 크기의 이른바 똥통을 만들 수 있게 된 것이다. 그 후 상신동에는 주택 개량할 때까지 많은 농가에 설치하여 숙성된 인분을 농사에 사용하게 되었다. 인분을 농사에 사용하면 이슬이 마르기 전에 밭에 맨발이나 짧은 바지를 입고 손 장갑을 끼지 않으면 똥독(채독이라고도 함. 기생충의 유충 침투로 인한 가려움증, 기생충 감염 현상)이 올랐다. 요즈음은 기생충이 박멸되고, 정부에서 일 년에 한 번 정도는 기생충 구충제를 공급하기 때문에 똥독에 대한 걱정은 없어졌다.

* **퇴비증산** 일본강점기에는 퇴비증산운동을 강제로 추진하여 초등학교 학생들도 여름철이면 풀을 베어 학교로 가져갔으며, 동네마다 공동 퇴비장을 만들고 할당량 달성에 노력해야 했던 시절이 있었다. 상신동은 산이 적고 초원도 없어 퇴비 목표량 채우느라 큰 고생을 했다. 논이나 밭 둑의 풀로는 소 먹이도 부족한데 퇴비마저 할당량 채우기가 어려웠던 것이다.

땅심(地力)을 높이는 것은 논농사에서는 필수적인 요건이다. 땅심을 높이는 방법은 퇴비나 녹비를 넣는 방법과 객토하는 방법이 있다. 녹비는 산에서 어린나무 싹(갈잎)을 잘라다가 논 갈 때 넣고 갈아야 되지만, 상신동에는 산이 없어 갈잎을 구할 수 없다. 다행히 황토는 많아 몇 년에 한 번 정도의 객토는 할 수가 있었으나, 경지정리, 도로신설 등으로 요즈음은 황토마저 구하기 어렵게 되고, 흙벽돌집이나 불고래가 있는 집이 없어 구벽토 또한 구할 수 없게 되었다.

제9절 가축의 사료

상신동에서 사육하던 가축은 소, 돼지, 닭과 애완동물인 개, 고양이 등이었다. 한때 오리와 거위 염소 등을 일시적으로 기르던 농가가 있었으나, 기르기 힘들어 2, 3년 기르다 중단했다.

* **소먹이** 소는 여름과 가을에 주로 풀과 구정물을 먹였다. 겨울과 봄에는 여물과 쇠죽을 먹였다. 여름철 소의 비수기에는 아침에 산이나 제방같이 풀이 있는 곳에 긴 밧줄로 쇠고삐를 이어매고 말뚝을 박아 놓는다. 한나절이 지나 학생들이 하학하여 집에 오면 밥을 먹고, 곧 소 매놓은 곳으로 가 소를 끌고 풀이 있는 밭둑이나 길가에서 쇠고삐를 잡고 풀을 뜯긴다. 행여 남의 곡식을 베어 먹을 가봐 고삐를 바짝 쥐고 풀을 뜯기다 해질 무렵에야 집에 왔다. 농촌 학생들이 공부할 시간이 없는 것도 이와 같이 농사일을 거들기 때문이었을 것이다. 소는 밤새 어른들이 해오는 소 꼴(풀)을 먹는다. 목 마를 때에는 구수에 있는 구정물

을 먹었다. 구정물은 쌀이나 보리쌀 뜨물과 설거지물 채소 씻은 물 등과 먹다 남았어도 사람이 먹을 수 없는 음식찌꺼기, 호박 등 과채류 부패 부분 등을 구정물 통에 모았다가 소나 돼지의 사료로 사용하는 것을 말한다. 소를 부릴 경우는 구정물에 겨(쌀이나 보리의 껍질 부분)나 콩 깍지 등을 넣고 여물을 쑨 쇠죽을 먹인다. 겨울철과 봄철에는 볏짚을 잘게 썰어 먹인다. 볏짚과 콩깍지 콩잎 말린 것을 많이 넣으면 소는 잘 먹었다. 낮에는 마른 여물을 준다. 소는 하루 종일 마른 여물을 먹으며 지낸다. 요즈음도 콤바인으로 추수하면서 볏짚은 논에 깔아 놓았다가 다 마르면 포장하여 저장해두고 가축의 사료로 쓴다.

※ **돼지먹이** 돼지는 주로 구정물을 먹였다. 곡식 찌꺼기는 소먹이로 사용하고 돼지는 구정물 찌꺼기를 주로 먹게 했다. 새끼라도 낳으면 곡식을 익혀 먹였다. 겨나 무 호박 삶은 것도 잘 먹는다.

※ **닭 먹이** 닭은 방목했다. 들이나 산에 가서 곤충이나 지렁이 등을 잡아먹고, 밭이나 논에 가서 개구리도 잡아먹었다. 모이는 아침과 저녁 두 번 수수, 조, 밀, 현미, 싸래기 등을 주었다.

이렇게 사료 구하기가 어려워 많은 가축을 기르지 못하였다. 애완동물인 개는 반려동물보다 보신용으로 잡아먹는 것을 전제로 길렀다. 더러는 셰퍼드 같은 우량종의 개를 기른 집도 있었으나 거의 보신용이었다. 고양이는 쥐가 많던 시절이라 쥐 잡으라고 길렀다. 먹이를 많아 주면 쥐를 안 잡는다고 극히 적은 양의 먹이만 주었다.

제10절 이농과 도시진출

상신동은 청주 중심부에서 불과 6km 정도 밖에 되지 않으면서도 현대 문명의 혜택은 아주 늦게 보기 시작했다. 전기만 하더라도 1970년대 중반에야 농어촌 전화사업(電化事業)으로 들어왔으며, 전화(電話)도 전신전화 취급소가 설치되고, 1978년에야 청주시내 가입구역이 되었다. 도시와 이웃하면서도 일본강점기로부터 현대문명의 오지였던 상신동이 개화의 눈을 뜬 것은 1920년대 후반부터인 듯하다. 그 때까지 상신동에서 신교육제도에 의한 교육을 받은 사람이 한 두 명 밖에 없었고, 상신동을 떠나면 큰일날 것으로 생각되어 자자일촌하는 형편이었다.

※ **이농** 신교육을 받은 분들은 문맹자를 없애보려 남자 중심이긴 하나 원평리 개량서당에도 보내고, 강서보통학교에도 보내는 등 교육에 힘을 썼다. 그러나 영아 사망률이 감소하고, 자손 수가 늘어나자 상대적으로 경작면적이 감소하여 농가 경제는 어려움이 닥쳐왔다. 한 섬지기 농사면 중농이라 할 수 있었는데 아들 셋을 장가보내고 분가 시키다 보니 아들 한 사람당 일곱 마지기 정도 나누어 줄 수밖에 없었다. 큰 아들이라고 좀 더 주었다면 두 아들은 다섯 마지기 농가가 되어 소농으로 전락하게 된다. 이러한 현상을 방지하려 큰아들은 빼고 두 아들의 잉여 노동력은 머슴, 날품팔이 등으로 전락하게 되었다. 청주로 나가 도시 노동자가 되던지 시장통의 지게꾼이나 타 지역에 가 육체노동에 종사하게 되었다. 그 무렵 상신동에서 만주로 일자리 구하러 간 사람이 있었다. 일부는 1940년경 귀환했지만, 그 중 한 집은 한 가족이 솔가해서 이주하여 만주에서 농사를 지었다는데 조국 광복 후에도 아직 귀환하지 못하고 있다. 이 분이 상신동의 제1호 이농자이며, 그 후 신교육을 받고 가난을 극복하려 청주 시내로 출퇴근하며, 일부는 농사도 계속하는 농외수입을 계속한 집도 있었다. 일반적으로 이농의 형태를 세 가지로 구분한다. 첫 번째는 아주 모든 것(집과 전답)을 처분하고 농촌을 떠나는 경우이고, 두 번째는 일시적으로 도시에 홀몸으로 나가 취업하는 경우이고, 세 번째는 해외로 이주하는 경우를 말한다. 상신동에서 해외이주는 만주로 가서 소식이 없는 강용구씨의 조모와 숙부 일가족이 있다. 첫

번째 경우의 이농은 거의 한 끝은 상신동에 두고 떠났다. 장남은 남고 동생들은 도시로 나아가 사업도 하고, 큰 기업에 취직도하고, 공직에서 상당한 지위까지 승진하여 대부분 잘 된 상태다. 특히 건축기술이 출중했던 강복희씨는 극동건설의 중역으로 서울시민회관과 광화문전화국(두 건축물 모두 세종문화회관 신축을 위하여 철거됨)의 신축공사의 총책임자로서 새로운 공법으로 두 건물을 신축하여 칭송이 자자했다. 이와 같은 현상으로 인하여 상신동은 농촌에서 급격히 도시화가 진행되고 있는 듯했다. 이웃하여 청주산업단지, 청주테크노폴리스, 오창과학산업단지 등이 있고, 오송생명과학단지와 세종시도 가깝다. 도시와 공장 근로자로 전업하기가 쉬워져 농사에 종사하는 젊은 남자는 드물고, 농사일은 노인과 여성의 몫이 되었다. 그나마 여성도 건설 기술을 익혀 미장, 도배, 벽돌조적, 도장, 난방배관 등에서 남자 못지않은 우수한 기능공이 되었다. 젊은이가 농사일을 하지 않게 되어, 고령자가 농사일을 하게 되었다.

※ **영농방식의 진화** 그나마 다행인 것은 영농방식의 진화다. 논농사의 기계화와 부분 도급 영농방식이 발전하여 앞으로는 법인화된 영농조직을 만들어, 농외수입을 확대시키고, 농촌문제를 해결할 수 있는 대책이 마련되기를 고대하고 있다.

제 4 장

격변기의 흔적

제1절 일본강점기의 흔적

상신동 사람들은 일본강점기에 상신동에서 징병, 징용, 보국대 등으로 강제 동원됐던 사실을 기억하고 있다.

* **징병** 징병으로는 강동원씨가 유일하다. 1944년 징병되어 용산 훈련소에서 교육을 마치고 평양으로 가서 관동군 전투교육 중 일본이 연합군에 항복하고 일본군이 해산되면서 1945년 가을에 귀환하였다.

* **징용과 보국대** 징용과 보국대로는 강순희씨와 강호봉씨가 1940년 징용되어, 남양군도로 일본군 비행장 건설에 동원 됐다가 1943년 무사히 귀환하였다. 1943년에 남양군도로 끌려간 유성영씨는 일본 패망 후에도 귀환하지 못하여 사망한 것으로 생각하고 있다.

북해도 탄광에 끌려가 전신화상을 입고 귀국한 강호길씨와 형 강호영씨도 징용되어 평양비행장 공사에 철공기술자로 끌려갔었다. 이 밖에도 김상득씨 등도 보국대로 끌려갔었다.

※ **일본군 위안부** 정신대로 끌려간 사람은 없었다. 앞서 설명한 바 있는 15세 이상 처녀의 혼인(약혼만 했어도 대상에서 제외)을 권한 면서기의 덕택으로 처녀공출은 피할 수 있었다.

제2절 대한민국 정부수립과 6 · 25전쟁

1. 조국 광복과 대한민국 정부수립

일제는 1910년 8월 29일부터 1945년 8월 15일 연합군에 항복할 때까지 36년간 우리나라를 강점하고 있었다.

일제는 그간 1937년에는 중일전쟁을 일으켰고, 1941년에는 미국을 공격하여 태평양 전쟁을 일으켰지만, 1945년 8월 15일 연합국에 무조건 항복을 하게 된다.

제2차 세계대전이 거의 끝날 무렵인 1943년 11월 22일과 1943년 12월 2일, 이집트의 카이로에서 미국의 루스벨트 대통령, 영국의 처칠 수상, 중국의 장개석 총통 등 세 사람의 두 차례의 회담에서 2차 대전 수행과 전후 처리를 위한 논의가 있었다. 이 회담결과로 발표한 것이 카이로 선언이며, 그 내용은 다음과 같다.

1. 3국은 일본에 대한 군사행동을 협의한다.
2. 3국은 일본에 대하여 가차 없는 압력을 가한다.
3. 3국은 일본의 침략을 저지, 응징하나 영토 확장의 의사는 없다.
4. 제1차 대전 후 일본이 탈취한 태평양 여러 섬을 박탈하고, 또한 만주 타이완 평후제도 등을 중화민국에 반환하고, 일본이 약취한 모든 지역에서 일본세력을 축출한다.

5. (특별조항) 한국의 미래에 대하여 독립을 보장하는 국제적 합의를 하였다. 한국의 국민이 노예상태에 놓여 있음을 유의하여 앞으로 적절한 절차에 따라 한국의 자유와 독립을 줄 것이다.

카이로 선언 이후 얄타회담과 포츠담선언이 있었다.
포츠담 선언은 1945년 7월 26일 독일의 포츠담에서 미국 영국 중국의 수뇌들이 모여, 일본에 대하여 항복을 권고하고, 카이로 선언에서 결정한 한국의 독립을 확인하였다. 그러나 일본은 이 선언을 거부하여 마침내 미국은 히로시마와 나가사키에 원자탄을 투하하였고, 소련도 1945년 8월 8일 참전하자, 일본은 8월 10일 이 선언을 수락하게 되고, 8월 14일 2차 대전은 끝나고 8월 15일 일왕은 무조건 항복을 하게 되었다.
이와 같은 우여 곡절을 겪은 후에도 대한민국 정부수립과정은 험난했다.
험난했던 시절의 주요 사건은 다음과 같다.

- **1945년 2월 14일** 미국, 영국, 소련대표가 38선을 경계로 군정하기로 결정
- **1945년 8월 15일** 8·15광복 – 일본 연합국에 무조건 항복, 국토분단
- **1945년 9월 4일** 남한에 미군 진주
- **1945년 12월** 모스크바 3상회의에서 신탁통치 결의
- **1946년 3월** 제1차 미소 공동위원회에서 신탁통치 논의
- **1947년 2월** 미소공동위원회 결열
- **1947년** 신탁통치 반대운동
- **1947년 9월** UN에서 남북한 총선거 결의
- **1948년 5월** 남한만의 총선거로 제헌의원 선출
- **1948년 7월 17일** 대한민국 헌법 공포
- **1948년 8월** 대한민국 정부수립(초대 대통령 이승만 박사)

2. 6・25전쟁

이와 같은 우여 곡절을 겪으며 대한민국 정부가 수립된 지 2년이 안 된 1950년 6월 25일 새벽, 북한은 38선 전역에서 소련제 탱크를 앞세우고 대한민국을 침공해왔다. 6・25전쟁 발발 당시 남북한의 군사력은 다음 표와 같다.

▌남북한의 군사장비 보유상황

구분	한국군	북한군
지상화력	곡사포: 91문	자주포 및 곡사포: 728문
	대전차포: 140문	대전차포: 550문
	박격포: 960문	박격포: 2,318문
	장갑차: 24대	장갑차: 54대
		전차: 242대
해군	전투함 및 소해정: 28척	어뢰정: 30척
	수송선 및 기타: 43척	수송선 및 기타: ?
공군	연락기 및 연습기: 22대	전투기 폭격기 및 기타: 211대

위 표와 같이 북한은 전쟁준비를 철저히 하고, 대한민국을 침공하였다.
북한은 6월 28일 서울을 점령하고, 7월 하순에는 낙동강을 사이에 두고, 국군과 대치하였다. 미국은 북한의 침략을 소련의 혁명 전략으로 판단하고, 일본에 주둔하고 있던 공군을 먼저 6・25전쟁에 투입했다. 이어 28일에는 유엔안전보장이사회의 결의를 통해 대한민국에 대한 군사원조(안)을 통과시키고, 한국전쟁에 유엔군을 파견하는 결정을 이끌어냈다.
유엔군의 참전으로 낙동강 전선을 방어하고 있을 때, 유엔군 사령관인 맥아더 장군은 9월 15일 인천상륙을 감행하여 서울을 되찾고(9월 28일) 38선을 향하여 진격하게 되었다.
38선을 돌파한 연합군은 평양을 탈환하고, 한만국경에 이를 무렵 중공군의 참전으로 1・4후퇴를 하여 서울은 또 다시 북한군에게 일시 점령당하게 되었으나, 국군과 유엔군의 반격으로, 1951년 3월경부터 전선은 38선 부근에서 고착되었고, 휴전회담도 시작되어 1953년 7월 27일 정전협정이 타결되었다.

▌유엔군 참전 규모

국명	지상군	해군	공군
미국	보병사단: 7 해병사단: 1 연대전투단: 2 병력 302,483명	극동해군 미제7함대	극동공군
영국	보병여단: 2 해병특공대: 1 병력 14,198명	함정: 17척 (항공모함 1척 포함)	
오스트레일리아	보병대대: 2 병력 2,282명	항공모함: 1척 구축함: 2척 프리킷함: 1척	전투비행대대: 1 수송기 편대: 1
네델란드	보병대대: 1 병력 819명	구축함: 1척	
캐나다	보병여단: 1 병력 6,146명	구축함: 3척	수송기대대; 1
뉴질랜드	포병대대: 1 병력 1,389명	프리킷함: 1척	
프랑스	보병대대: 1 병력 1,119명 (1,185명)	구축함: 1척	
필리핀	보병대대: 1 병력 1,496명		
터키	보병여단: 1 병력 5,455명		
그리스	보병대대: 1 병력 1,263명		수송기편대: 1
타이	보병대대: 1 병력 1,294명 (2,214명)	프리킷함: 7척 수송선: 1척	수송기 편대: 1
남아프리카공화국			전투비행대대: 1,255명
벨기에	보병대대: 1 병력 900명		
룩셈부르크	보병소대: 1 병력 44명 (48)		
콜롬비아	보병대대: 1 병력 1,68명	프리킷함: 1척	
에티오피아	보병대대: 1 병력 1,271명		

( ) 안은 최대수준병력

* **삼방축 방어진지** 1950년 6월 25일 6·25전쟁이 발발한 지 10여일 지나, 상신동에는 국군이 방어준비를 시작했다. 김석원 장군 휘하 장병이라 했다. 통신병과 보병이 와서 방죽 옆 산과 산방축에 방어 진지를 구축하고, 통신선로를 부설했다. 원평동과 송절동 경계인 도로 옆 산에는 포진지를 구축하는지 많은 양의 포탄을 야적했다. 국군 병사의 설명으로는 까치내들을 건너오는 북한군을 방어하려면 치열한 전투가 있을 것이니 피난가라고 독려했으나, 여자와 어린애들은 남고, 남자 중심의 피난을 떠났다. 진천 쪽에서 방어하던 김석원 장군휘하 부대는 충주 쪽이 무너지는 바람에 전투다운 전투도 못하고 후퇴했으며, 상신동 삼방축 산에 보급되었던 탄약은 1953년 7월 정전 후에도 종종 발견되었다.

피난을 떠났던 사람들은 하루 정도 걸어서 석판동 근처에서 해가 저물어 하루 밤을 노숙했는데, 저녁 때까지 있던 국군이 밤새 후퇴하고, 날이 샐 무렵 북한군이 들어와서, 다음날 오후 집으로 돌아왔다고 한다.

상신동에는 보도연맹에 가입한 사람이 없었다. 광복 후 혼란기에 좌우충돌이 한창일 때에도 남로당 등 좌익단체에 가입한 사람은 없었다. 1950년 7월 중순경 북한군은 각 행정 단위마다 인민위원회, 내무서, 여성동맹, 노동당 등 책임자를 정하고, 주민 통제를 실시하였다. 강서면과 청주시 등의 각종 조직의 책임자로 원평동과 문암동 사람이 많이 등용되었다. 가장 권력이 있다는 빨치산 책임자도 원평동에 살던 사람이었다.

상신동에서도 인민재판이 있었다. 이장 일을 보던 강재희씨의 죄가 있다는 판결을 하고, 후일 밤중에 끌려가 10여일 내무서에서 고생하다 귀가했다. 7월 말경부터 의용군이라며 젊은이는 거의 강제로 끌어갔다. 1차, 2차, 3차에 걸쳐 모조리 끌려갔으나 상당수는 도망쳐오고 5명만은 행방불명이 되었다.

＊ 전사자와 부상자 국군으로 참전했다가 전사한 사람은 3명이다. 전투 중 부상으로 상이용사가 된 사람도 3명이다.

＊ 전사자

- 강달원: 1951년 3월 5일 중부전선 수색대로 적진 수색중 전사
- 김갑득: 1953년 2월 9일 강원도 김화지구 전투에서 전사(하사)
- 강용대(경찰): 진천경찰서 근무 중 공비토벌 작전에서 전사

＊ 상이용사

- 강호순
- 홍용희
- 유태봉

＊ 납북 행방불명자

- 강석원
- 강호복
- 강철원
- 유태산
- 유태근

제5장 교육과 종교

제1절 교육

상신동에는 서당이 하나 있었다. 천자문, 동몽선습과 명심보감 정도를 가르쳤다. 1930년대 후반에 원평동에 개량서당이 생기기 전 문맹자를 줄일 목적으로 한문을 가르쳤다.

* **개량서당** 개량서당은 종래의 서당을 개량하여 신교육과 일본식민지교육을 실시할 목적으로 1920년대에 서당을 확장하도록 하고, 교육내용도 국어, 산수, 과학, 일본어 등으로 편성하여 소학교에 진학하지 못한 사람들을 50~60명씩 반을 편성하여 단기(1년)교육을 실시하도록 한 일본 식민지 교육의 방편으로 설립된 것과 지방 유지들이 화합하여 설립한 개량서당으로 구분된다. 원평동의 개량서당은 문암동의 윤상하씨, 원평동의 정을성씨, 상신동의 필자의 부친 등이 각출하여 지은 교실 2개와 교무실이 있는 목조 함석지붕 건물로 후자에 속한다.

※ **간이학교** 1940년 일제는 원평개량서당을 없애기 위하여 내곡동에 강서공립국민학교 부설 간이학교를 설립하고 원평개량서당을 폐교시켰다. 폐교 당시 원평개량서당 교사었던 박인규씨는 타지의 초등학교 교사로 임명되었다.

내곡간이학교는 1943년 필자의 부친 등 기성회의 활동으로 내곡공립국민학교로 승격, 개교되었다.

※ **내곡초등학교** 내곡초등학교 개교 전까지는 상신동에서 5km 정도 거리인 강서초등학교에 다녔다. 상신동과 거리가 멀고, 중간에 개신천과 석남천이 있어 비가 많이 오면 건널 수가 없어 여쟈들은 강서초등학교에 다닌 사람이 없다.

내곡초등학교의 개교로 1935년 이후 출생한 어린이는 남녀 구분 없이 모두 초등교육을 받게 되었다.

※ **강서초등학교** 강서초등학교는 1920년 4월1일 설립 인가되고, 1920년 10월 2일 4년제로 개교하였다가 1924년 4월 1일 6년제로 개편되었다. 강서초등학교에는 부설 내곡간이학교와 현암분교, 서촌분교 등이 있었으나 각각 내곡초등학교, 현암초등학교, 서촌초등학교로 승격, 분리되어 현재에 이르렀다.

※ **중등교육기관** 중등교육은 청주에 있는 중・고등학교를 다녔다. 보수적이며 넉넉지 못한 형편으로 여자들은 거의 초등교육 만 이수했다(의무교육으로 인한 초등교육덕이다). 1970년대 까지는 교육비 조달을 위하여 부모님들은 많은 고생을 하였다. 청주 이외의 지역 특히, 중등교육을 서울로 유학한 사람은 강복희씨가 유일하며, 그 분도 수원에 거처를 정하고, 어머니 김정구씨와 함께 살며, 서울로 통학했다. 학비는 모친이 시장에서 떡 장사 등으로 조달했다고 한다.

※ 대학교육을 이수한 사람은 1950년 이전에는 없었다. 1950년대 중반 이후는 청주와 서울, 대구 등지의 대학에 진학하여 많은 인재가 배출되었다.

강서초등학교

내곡초등학교

제2절 종교

상신동에는 사찰이나 교회가 없다. 그러나 1940년대 초, 무속의 폐해를 없애려 진주 강씨 집안 부녀자들이 기독교(개신교)에 귀의하기 시작했다. 제일 먼저 교회에 나가신 분은 전술한 강복희씨 모친 김정구씨와 강용원의 모친 유전향씨, 강건원의 모친 경주최씨 강호인의 모친 민태순씨, 최병길씨 모친과 처 등이다. 그 후 많은 신도가 생겼으며, 처음에는 송정교회로 나갔다. 송정동은 상신동에서 약 3km거리여서 새벽 예배나 저녁 예배에 참석하려면 어려움이 많아 주변 동리의 신도들과 협력하여 외북동의 북촌마을 뒷산에 1958년 외북교회를 건립하였다.

가깝지는 않지만 신대동에는 충북지역에서 제일 먼저 설립한 신대교회가 있으나, 거리가 멀고, 가는 길이 논길이어서 얼마동안 다니다 송정동으로 옮긴 분도 있다. 상신동 주변에는 신대교회 말고도 성공회 동산리교회가 있었다. 동산리교회는 안동권씨 집안에서 강화도의 친척집을 왕래하다 전도를 시작하며 세운 아주 적은 교회였으나, 그나마 1990년대 말경 교회건물이 매각되어 없어졌다. 상신동 주민들은 신대교회 가는 길이 논길이어서, 다니기 불편하여 동산리교회에도 다녔다.

＊ **신대교회** 신대교회는 하신대(아래신대)에 1901년 탄생한 교회로, 청주제일교회보다 4년 앞서 설립되었다. 이곳에 기독교를 들여온 사람은 오촌보, 문성심, 오삼근 등이다. 이곳에서 농사를 지으며 농한기인 겨울철에는 서울을 오가며 보부상을 하였다. 서울로 가는 길은 진천과 죽산을 거쳐 다녔다. 어느 해인가 오천보와 문성심은 죽산에 있는 둠병리교회에서 사경회에 참석하였는데 그 때 은혜를 입고 귀가하여 오천보네 집에서 예배를 보다가 주막으로 옮겨, 광목에 십자가를 그려 걸고 예배를 보았다. 금주를 강조한 서양 선교사의 설교를 들은 주막주인이 예배 보는 것을 금지시켜 다시 오천보의 집으로 옮겼다고 한다. 신대교회에는 이춘심이라는 전설적인 한 분의 전도부인이 있었다. 평양에 가서 신학공부를 하고 와서 충북 전지역을 다니며 선교활동을 하였다. 특히 귀신 쫓는 일을 잘했다고 하며 상신동 인근의 신들린 사람들을 치료했다고 전해지고 있다.

신대교회

외북교회

※ **동산리교회** 동산리는 청주시 흥덕구 남촌동의 옛 지명으로 지금도 주민들은 "동산리"라 부른다. 동산리교회는 대한성공회 동산리성당이 정확한 이름일 것이다. 동산리교회는 안동 권씨 후손으로 남촌동에 살던 권종현씨가 독립운동을 하면서 신분을 감추기 위하여 선조로부터 농사를 지으며 살던 남촌동에 1907년 흙벽돌집 삼간을 지어 선교활동을 시작하였다. 강화도 친척집에 다니며 귀의한 성공회성당에서 배운 교리를 선교하며, 독립운동을 하는 신분을 은폐할 목적으로 시작한 것으로 전해지고 있다(강화도는 우리나라에 성공회가 처음 정착한 지역임).

1921년 권종현씨 사망 후 그의 아들 권태영씨가 교회를 관리하고 있었다. 한 때는 신도가 50여명에 이르기도 하였으나, 1951년 7월 권태영씨 사망 이후로는 신도들이 구호물자 등 외국의 원조가 많은 개신교로 개종하면서 신도 수는 급격히 줄어 1990년대 말경에 문을 닫게 되었다.

※ **외북교회** 외북교회는 청주시 흥덕구 외북동 213-2 북촌마을 뒤 언덕에 있는 기독교 장로회 소속 교회다. 상신동과 화계동의 송정동 교인들이 가까운 교회를 갈망하여 1949년 11월 내곡동의 가정집에서 예배를 보기 시작하였다. 개척자는 신승철 영수, 김태제 집사, 김인제 집사, 신동수 권사, 김정구 권사 등 7명이다. 그 후 내곡초등학교 교실, 외북동 가정집 등을 전전하며 예배를 보다가, 1959년 7월 26일 현재의 위치에 교회를 신축하였다. 이 무렵 상신동에서 외북교회에 다닌 사람은 강복희씨의 모친 김정구씨, 강호인의 모친 민태순씨, 강용원의 모친 유전향씨 등이며 교회는 1987년 12월 다시 신축하였다. 교회 신축 당시, 교회의 종과 종탑은 김정구씨가 단독으로 헌납하였으며, 상신동에는 더욱 많은 신도가 생겼다.

※ **무속과의 단절** 이와 같이 상신동에는 교회와 사찰이 없으면서도 기독교신자가 계속 증가한 것은 무당이나 신들린 여자들 대부분이 교회에 다닌 후부터 신기가 없어지고 정상인이 된 것에 연유한다고 생각하고 있다.

제6장

생활환경 개선과 새마을운동

제1절 생활환경 개선

상신동은 1900년대 교통의 오지이며, 근대 문명의 낙후지였다. 1970년대에 들어와 전기가 들어오고 길도 넓어졌으며, 초가집이던 집들도 기와와 슬레이트 지붕으로 개량되었다. 이러한 개선사업은 1970년대 초, 새마을운동을 전후하여 진행되었다. 1920년대 초 상신동에서는 개화와 전통의 심항 갈등이 있었다. 몽매한 주민을 개화시키고, 문맹퇴치를 위하여 야학, 개량서당 입학, 초등학교 취학 등 교육과 미신타파를 위하여 성황제, 산시제, 용왕제 등을 금지했다.

※ **출향** 공서양속에 반한 행위를 한 자를 마을에서 살지 못하게 출향(黜鄕: 강제 이주 시키는 것)을 시행하였다. 출향 대상은 부모에 불효한 자, 형제 간에 다투는 자, 절도, 간음 등을 한 자를 마을 회의에 부쳐 가결되면 처음에는 스스로 떠나기를 권하고, 유예기간이 지나도 떠나지 않으면 서낭댕이 밖으로 그 집 살림살

이를 마을 사람 전원이 모여 옮겨놓았다. 출향은 1930년대 후반까지 실시했으나, 일본관헌이 강제로 중지시켰다.

* **성황당 정리** 1940년대에 들어와 성황당의 돌무덤과 숲이 혐오스럽다고 큰 나무 한그루는 두고 나머지 숲은 깨끗하게 정리하고, 돌무덤은 깨끗이 치운 뒤 돌단을 만들었다.

* **유선방송** 상신동에는 1960년 초까지 라디오 있는 집이 없었다. 필자의 동생 강국희는 그 점에 착안하여 유선방송을 시작하였다. 지금의 강서 2동 지역 거의 모두에 유선설비를 하고 출력이 큰 앰프를 놓고, 하루에 16시간 라디오 중계와 대중가요를 송출했으나. 1960년대 말 국산 라디오 보급으로 수요가 줄어 유선방송을 중단했다.

* **지붕개량과 골목길 정비** 1960년대 초까지 상신동에는 기와집이 한 채밖에 없었다. 1960년 시멘트 기와가 보급되면서 많은 집이 초가를 기와로 바꾸고 마당도 시멘트 포장을 하였다. 마을 앞에는 도랑이 있고 도랑 옆으로 길이 있었다. 비가 많이 오면 도랑이 넘쳤고, 길은 좁아 우마차도 다니지 못하여 추수하려 베어놓은 벼는 소등에 싣고 집 마당으로 운반할 수밖에 없었다. 새마을 사업 전에 상신동의 골목길과 집 앞 도랑은 길과 위치를 바꾸는 공사를 하여 길은 넓어지고, 수로도 넓어져 비가 많이 와도 범람하는 일 없고, 마차와 자동차도 다닐 수 있는 길이 되었다. 마을 앞길을 넓히기 전에는 집집마다 도랑을 건너기 위한 쪽다리가 있었다. 이 쪽다리도 모두 없어졌다. 1970년 새마을 사업이 시작되면서 정부에서 공급받은 시멘트로 골목길과 마을 앞길을 포장했다. 해마다 초가을에 군 읍서 수선하던 청주로 가는 길도 시멘트 포장을 하여, 봄철 땅 녹을 때 길이 질퍽하여 마차, 자전거, 사람 등이 다니기 어렵던 길이 포장되고 나니 그렇게 좋을 수가 없었다. 필자도 자전거로 통학할 때 포장된 길을 달리는 것이 소원이었는데, 1958년 고향을 떠났기 때문에 포장된 도로를 자전거로 달리는 그 맛을 보지 못하였다.

* **경지정리** 새마을운동과 전후하여 상신동의 농지는 경지정리를 했다. 경지정리로 논두렁과 들길은 직선화되었으며, 모든 논에 경운기나 소형 화물차가 드나

들 수 있게 되었다. 다만 상수도가 늦게 들어오는 바람에 집집마다 관정이 생기고 형편이 어려운 집은 마을 공동 관정의 물을 파이프로 공급 받는 간이 상수도로 생활하였다. 다행히도 상신동의 우물과 간이 상수도의 수질이 좋아 수인성 질병을 앓은 사람은 없었다.

※ **주택개량** 주택은 이미 기와나 슬레이트 지붕으로 개량되었으나, 식수 때문에 상신동의 가정 부엌에는 두멍이라는 물 저장 통이 있었는데 관정과 간이 상수도, 주택개량 등으로 두멍이 없어졌다. 2015년 현재 상신동의 모든 주택은 구옥은 없고 신축한 개량주택(양옥) 뿐이다.

제2절 새마을운동

새마을운동은 1970년대 초 농촌의 근대화를 위하여 시작한 풀뿌리 지역사회 개발 운동이다.

이 운동은 1971년 새마을운동이라 명명되었으며, 전국적으로 시행되고, 1975년에는 도시와 공장으로 확대됐다. 새마을운동 추진과 관련된 주요 사건을 정리하면 다음과 같다.

1970년	농촌 현대화 사업 시작
1971년	새마을사업이라 명명
1972년 1월 31일	새마을 지도자(140명) 교육 시작
1973년 1월 16일	내무부에 새마을 담당관실 설치
1973년 5월 31일	수원에 새마을 지도자 연수원 신설
1975년	도시와 공장으로 확산 새마을 지도자와 사회지도층, 공무원 합숙훈련
1980년 초까지	철근과 시멘트 정부지원

이와 같이 새마을운동은 정부의 주도로 농촌과 공장 등 사회 각 부분에서 참여하여, 세계적인 농촌개발 모델이 되었다.

상신동에서는 정부의 지원으로 1980년 마을 앞길을 포장하고, 하수구를 정비하였다.

※ 상신동의 역대 새마을 지도자

- 강덕구
- 강호산
- 강찬원
- 강필원
- 홍성옥
- 강호문
- 설동기

제3편

생활문화

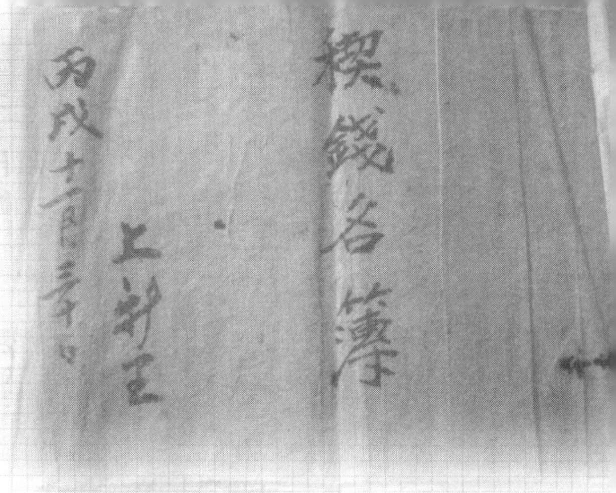

제 1장

협동문화(상조문화)

제1절　친선모임

상신동의 친선모임으로 협동정신이 가미된 모임은 대동계와 연반계가 있다.

1. 대동계

대동계(大同契)는 마을 주민 전체를 계원으로 하며, 정기총회는 매년 추수가 끝난 음력 섣달 초에 열렸다. 계장은 관례에 따라 이장(지금은 통장)이 되고 회의를 주재했다. 의제는 지난 해의 사업실적 보고와 재무상태를 보고하고, 계쌀을 장리로 놓았을 때에는 대여곡 환수를 한다. 내년도 사업 계획도 협의했다. 공동 사업이 결정되면 자금조달 방안도 협의 한다. 소요자금이 소액일 경우에는 추렴에 의하고, 금액이 많으면 두레로 조달한다. 두레는 벼논 맬 때와 뜯을 때 실시한다. 소요자금과 동원 규모, 대상 논 등을 참작하여 동원 일수를 정하고 궐(두렛날 결석)이 있으면 현금으로 대납시켰다.

상신동의 대동계 장리쌀은 다른 장리쌀과는 차이가 있었다. 장리쌀은 일반적으로 상환할 때 50%의 이식을 포함하여 상환했으나, 상신동 대동계 쌀은 1967년부터 40%, 1971년부터 20%, 이식을 받았다. 그나마 먹을 사람이 없거나 추수 전에 자금이 소요될 것이 확실할 때에는 여유있는 집에 강제로 맡겼다. 1977년부터는 장리쌀이 없어졌다(상신동 대동계 기록 참조).

2. 연반계

연반계는 부모가 사망하면 장제에 필요한 인력을 상호 지원하고, 출상할 때까지 조문객이나 일보는 사람의 야식으로 팥죽을 쑤어 공급하였다. 상여 메는 일과 매장에 따른 산역의 지원 등 상주의 부담을 줄여주는 일을 하는 친목계다. 회원의 자격은 상신동에 거주하며 계의 목적에 찬동하는 사람이며, 가입을 강요하지는 아니한다. 계원이 상을 당하면 모든 일을 대충 마무리하고, 등불을 들고 상가에 가는 일부터 시작하여 산역이 끝날 때까지 일을 도와준다. 연반계는 1900년대 말부터 대동계와 통합하였다.

제2절 협동문화

상신동의 농사와 관련된 협동문화로는 두레, 군, 품앗이 등이 있다.

1. 두레

두레는 대동계에서 정한 순서에 따라 주로 벼 논매기와 이듬매기(풀 훔친다고 함) 때 주로 실시하며, 동민으로 동원 일수를 못 채우면 결석일수에 해당하는 현금을 대납한다. 두렛날이 되면 아침 일찍 풍장을 치며 동원 시간이 됐음을 알린다. 일은 마을에서 제일 가까운 논부터 시작하는데, 이동할 때는 “농자 천하지 대본(農者天

下之大本)"이란 큰 기를 앞세우고 행진한다. 아침 새참은 막걸리로 대신하고, 동네 아낙네들이 식사를 운반한다. 점심은 밥을 먹는데 공회당이나 부엌이 큰 집에 모여 준비하고 이어 날랐다. 저녁 새참은 국수로 하는 것이 관습이었으나, 일본 강점기 식량 사정이 나쁠 때에는 콩죽(콩깻묵 죽)으로 대신하기도 하였다. 논을 맬 때에는 북을 치는 사람이 앞에서 고단함을 잊으라고 북을 치며 흥을 돋운다. 하루 일이 끝나면 기를 앞세우고 풍장을 치며 개선장군처럼 대열을 갖추고 마을로 돌아온다.

2. 군

군은 두 경우에 섰다. 대동계에서 결의한 도로 보수와 장들보 수로 정비다. 도로 보수는 상신동에서 화계동 사이의 신작로를 여름 장마와 폭우 등으로 훼손된 것을 추수 전에 통행에 지장이 없게 보수하는 일이다. 청주 가는 길은 보수 구간이 정해져 있었다. 상신동은 화계동까지, 화계동은 과상미까지, 과상미에서 사창리 고개까지는 과상미가 담당한 것으로 기억된다. 장들보 수로 보수는 취수문과 몽리지역의 거리가 있어 해마다 봄이면 경작인은 군을 서야 했다. 취수문이 까치내 합수머리 위쪽에 있었다(현존하고 있음). 거기서 송도순씨 주막을 거쳐 미호천 구 제방을 따라 오다가 텃마루 근처에서 가는 개쪽으로 가는 수로와 큰샘거리를 지나 삼방축 앞 들로 가는 두 수로가 있었다(수리조합이 들어 와서 없어졌음). 그 긴 수로에 여름내 풀이 자라고 애들이 고기 잡는다고 막고, 파서 물이 제대로 흐르지 못할까봐 수로에 있는 풀도 없애고, 흙도 치워야 했다. 가물 때에는 무심천 물을 양수하기 위한 냇골을 파게 되면 또 군을 서야했다. 이 경우 식사는 각자가 싸온다.

3. 품앗이

품앗이는 농사에 필요한 품이 혼자로는 부족한 경우가 많아, 다른 사람의 도움이 필요할 때 일해주고 자기가 필요할 때 도움받는 것을 말한다.

품앗이는 농사일 뿐 아니라, 길쌈에서도 품앗이를 했다. 길쌈은 목화를 심고, 수확하여, 씨앗으로 씨를 뺀 다음 솜틀집에 가 목화를 부드러운 솜으로 만들고, 그 솜을 30cm 정도의 길이로 고추를 만든다. 고추는 문래로 실을 뽑는데 혼자하면 많은 시간이 소요되어 서로 품앗이로 실을 뽑았다(실을 잣는다고 함). 10여 명이 한 패가 되어 문래를 가지고 다니며 품앗이를 했다.

제 2 장
음식문화

제1절 반찬등속 음식

"반찬등속"이란 계축납월 이십사일 청주 서강내 일상신리에서 발간한 한글 조리서로, 책표지의 제목은 "반찬ᄒᆞ는등속"이며 첫 장에는 "반찬ᄒᆞ는이야기라"라고 한글로 돼있고, 본문 첫 장에는 "반찬등속"이라 기록되어 있어 편의상 "반찬등속"이라 부르고 있다.

이 책은 상신동에서 만들었다는 사실과 1913년 12월 24일 완성됐다는 것 이외 저자에 관한 기록은 없다.

이 책이 세상에 알려진 것은 2007년 국립민속박물관이 서울 시내 고서점에서 구입하여 수장하고 있던 중 국립민속박물관 연구원 권선영씨가 학술지와 고려대학교 석사학위논문에서 그 내용을 소개하여 세상에 빛을 보게 된 책이다.

반찬등속에는 상신동의 음식 중 보편화되어 있던 주식이나 장류에 대한 기술은 없고, 주안상이나 잔칫상에 올릴만한 음식 위주의 조리서로, 충북대학교의 연구로는 상신동에 살던 양반집 음식으로 생활수준이 높았던 가문의 조리서라고 단정하고 있다.

상신동에는 1900년 초 불과 20여 호의 주민이 살고 있었다. 대부분 진주 강씨이었기 때문에 진주 강씨 문중의 어느 집일 것이라 추정하면서, 그 당시 통사랑 벼슬을 한 필자의 증조부를 주목하고 있다. 필자의 증조모는 밀양 손씨로 한학과 우리글에도 능통 하셨고, 손주인 필자의 부친을 서당에 보내지 않고, 직접 가르치시었다고 한다. 그러나 불확실한 "반찬등속"의 저자를 필자의 증조모라 단정하지는 않는다.

"반찬등속"에는 46가지의 각종 음식 조리법이 자세하게 기록돼있다. 책의 순서에 불구하고 음식물을 성질별로 구분하여 책에 있는 조리법을 소개하면 다음 표와 같다.

1. 김치류

음식명	조리법
무김치	무를 깨끗이 씻어 독에 넣고, 소금을 체에 쳐서 많이 넣는다. 하루나 이틀 지나면 소금을 걷어내고 소금물을 붓고, 풋고추는 꼭지를 잘라 넣고 생조기를 난도하여 넣는다.
깍두기-1	무를 네모가 반듯하게 썰어 소금물에 절인다. 고추와 마늘을 난도하여 소금물에 범벅하고 무 썬 것을 함께 넣는다. 생강과 조기를 난도하여 넣는다.
깍두기-2	무를 네모가 반듯하게 썰어 새우젓, 물, 조기, 고추를 부수어 넣는다.
오이김치-1	오이 한가운데를 열십자로 쪼개 그 속에 마늘과 고초를 난도하여 넣는다. 이것을 소금물에 넣는데 이 때 조기를 다져 넣는다.
오이김치-2	오이 속을 파고 갖은 양념을 오이 속에 넣는다. 씻은 열무에 초를 조금 무쳐 속을 파 놓은 오이 속에 넣어 먹는다.
고추김치-1	고추 고춧잎, 무를 넣어 김치를 하되 조금 짜게 한다. 이 속에 구리그릇을 넣고, 생조기와 파 생강을 넣는다.
고추김치-2	고춧잎을 음지에 말린다. 통무를 단지에 넣고 소금, 후추, 고춧잎, 동전을 넣어 봉한다. 만 일 년이 되는 해 봄에 내어 먹어라.

2. 짠지류

음식명	조리법
짠지	무, 배추, 무, 잎을 썰어서 한데 섞고 나서, 소금물을 붓는다. 생강과 마늘 해말 붉은 고추를 가늘게 썰어 넣고, 조기를 굵게 찢어서 넣는다.
무짠지	무를 골팻짝만큼 썰어 말리고 나서, 소금물에 절인다. 진간장에 꿀을 넣어 짠지를 담근다.
고춧잎짠지	고춧잎을 데치고 나서 바짝 말려 소금물에 절인다. 생강즙과 쇠고기 다진 것. 깨소금가루를 넣는다.
배추짠지	좋은 배추를 준비한다. 실고추, 조기, 문어, 전복을 저며 넣는다. 배추 고갱이를 넣되 생강, 고추, 조기, 문어, 전복을 함께 넣는다.
마늘짠지	통마늘을 씻어 진간장에 통째로 넣는다. 홍합을 함께 넣어 봉하여 두었다가 먹는다.
파짠지	참파 대강이와 문어 오린 것을 셋씩 다섯씩 묶고, 소금물에 절이고, 바싹 말려 항아리에 넣는다. 진간장을 부어서 두었다가 사용한다.
박짠지	박오가리를 두텁게 썰어 말리고, 진간장을 부어 만든다. 이때 조기물을 넣는다.
콩짠지	좋은 콩을 씻어 북어 대강이 찢은 것과 함께 그릇에 넣는다. 뚜껑을 꼭 덮어 불에 조린다. 북어 대강이가 물러지면 서늘한데 두고 먹는다.
북어짠지	북어를 토막을 잘게 잘라 뼈는 가려 버린다. 소금물에 오래 절이고, 꿀물에 담갔다가 단지 속에 차례로 넣는다. 넣을 때 북어 한 체, 파대강이 깨소금을 한 체씩 놓는다. 다 놓고 진간장을 조금 부어 봉하여 두었다가 쓴다.
전복짠지	저민 전복에 진간장과 저민 생강을 넣는다. 내어 먹을 때 접시에 담고 깨소금을 뿌려 먹는다.

전복짠지

3. 반찬류

음식명	조리법
참죽나무순 토란줄거리	참죽나무순, 토란줄거리를 먹기 좋은 크기로 잘라 숨이 살짝 죽을 정도로만 말린다. 밀가루를 얹어 기름에 조려 양념해 먹는다.
북어무침	북어살을 발라 방아에 찧고, 손으로 비벼 핀다. 간장과 꿀을 부어 나물 무치듯 무친다.
북어대강이	북어대강이에 참기름을 바르고 소금을 뿌린다. 소금을 뿌린 북어대강이를 관솔불에 바짝 익혀 먹는다.
가물치회	가물치 살을 죄 발라서 술에다 빨고, 좋은 유장에 주물러서 아랫목에 뚜껑을 덮어 두었다가 먹어라.
오리고기	살을 발라 뼈만 가지고 난도질 한다. 밀가루와 반죽하여 뜨거운 김난데 넣어 먹는다.
육회	소고기를 잘게 잘라 좋은 술에 빨아서. 생청, 고추장, 참기름, 후추를 넣어 무친다.
전골 지짐	전골 지짐은 쇠골과 두부를 넣어서 난도질하고, 갖은 양념 넣고, 고기를 채로 져며 넣는다.
고추장 맛나게 먹는 법	고추장에 설탕을 넣어 되직이 조린다.

4. 과자류

음식명	조리법
산자	밀가루를 체에 쳐서 더운 물에 네모가 반듯하게 반죽한다. 찹쌀은 절미 없는 것을 살짝 불린 후 솥에 볶아 튀밥을 만든다. 반죽은 기름에 볶아 엿을 바른 후 튀밥을 붙인다. 색색으로 하려면 튀밥에 각색 물을 드려 붙인다.
과줄	밀가루를 체에 내리고, 꿀물에 반죽한다. 이것을 다식판에 박아 모양을 만들고서, 기름에 넣어 조린다.
중박기	밀가루를 반죽하여 길고 네모난 모양으로 만들고, 기름에 꿀을 타 지진다.
주악	밀가루를 반죽하여 계피고물을 조금 넣어 빗는다. 송편보다 작은 크기로 납작하게 만들어 가름에 지진다.
박고지	박고지를 삶아 조청에 넣어 조린 후, 깨를 드문드문 넣어서 써라.
정과	생강은 저미고, 모과는 삶아 껍질을 벗겨, 숟가락으로 속을 긁는다. 연근은 토막을 낸다. 이들을 합쳐 꿀물에 오래 담근다.

중박기

5. 떡류

음식명	조리법
증편	쌀가루를 시루에 두껍게 놓고 술을 부어 떡 켜를 만든다. 그 위에 석이버섯, 잣, 대추를 올려놓는다. 솥에 물을 붓고 그 위에 체를 놓고, 떡 켜를 올려놓고 찐다. 시루에 찌는 것이 아니다.
백편	시루에 백지를 깔고 떡 켜를 놓는다. 석이버섯, 잣, 대추를 오려 위에 올려놓고 찐다.
꿀떡	쌀가루를 바짝 말려 꿀과 함께 반죽하여 시루 안에 켜를 만든다. 석이버섯과 잣을 놓아 찐다.
곶감떡	쌀가루로 켜를 놓고, 곶감과 호박을 잘게 저며 켜켜이 놓는다. 대추는 드문드문 놓는다.
화병	찹쌀을 인절미처럼 질게 반죽하여 만든다. 고추와 부친 달걀을 실같이 오린다. 인절미에 석청을 묻히고 오린 고추와 달걀을 잘름잘름하게 저며서 인절미에다가 털같이 색을 섞어서 붙이고, 파란콩고물을 곱게 하여 그 인절미에다가 살짝 뿌린다.
송편	흰쌀을 깨끗이 씻어서 빻아서 되게 반죽하여 팥고물과 설탕가루를 섞어 차대여 넣고, 또 곶감과 대추 좋은 것으로 속을 넣어 만든다.
염주떡	가래떡을 찰지게 쳐 밤만한 크기로 만들고, 실에 꼬인다. 여기에 오색물을 드려 접시에 놓는다. 접시에 놓을 때는 나무막대기를 네모 모양으로 세워 놓고, 떡을 꿴 실을 돌려 모양을 잡는다.
흰떡을 오래 두려면	흰떡을 오래 두려면, 가늘게 하여 솔잎을 시루에 놓고 찐다.

화병

6. 음료 등

음식명	조리법
수정과	좋은 곶감을 꿀물에 담고, 실백을 넣는다.
식혜	찹쌀을 깨끗이 씻어 밥을 되게 짓고, 엿기름을 달게 하여 찹쌀밥을 물에 씻어서 엿기름물에 담구어서 오래된 후에 엿기름물에 꿀을 타서 말갛게 하여 찹쌀밥 지은 것을 담근다. 물을 조금 붓고 그 위에 석류를 까서 드문드문 놓는다.
과주	소주에다가 찹쌀밥과 좋은 누룩을 반죽하여 솔벙울 만큼 만들어서 넣고 사오일 후에 먹어라.
약주	찹쌀술을 담고, 고인 후에 찹쌀로 설기 쪄서 가루누룩으로 다시 술을 담근다.
연잎술	밥과 누룩을 함께 반죽하여 둥글게 뭉쳐 연잎에 싸서 매달았다가 2~3일 후에 먹어라.
약밥	찹쌀을 씻고, 대추를 삶아 껍질을 벗긴다. 찹쌀에 대추 살을 넣고 밥을 짓는다. 껍질을 벗긴 밤과 잣을 함께 넣고, 곶감과 생강, 참기름을 넣고 밥을 되게 짓는다. 이때 솥은 자주 열지 않고, 밥이 다 되면 주걱으로 슬슬 이기어 한데 합하고, 다시 솥뚜껑을 덮어 뜸이 들면 퍼낸다.
만두	메밀가루를 곱게 하여 반죽을 되게 한다. 송편같이 빚되 송편보다는 크게 만든다. 만두소는 비지와 배추, 고기를 난도하고, 생강과 파를 함께 하여 난도하여 만두소로 넣는다. 국솥에 삶아서 먹는다.

제2절 기타 음식

상신동의 옛날 음식을 기록한 "반찬등속"에는 주식과 보편화된 음식의 기록은 없고, 오직 반찬과 떡 등 손님이나 어른 대접용 음식만 수록하고 있다. 여기서는 주로 현재 상신동에서 먹는 음식 중 "반찬등속"에 수록되지 않은 음식 가운데 구황식품을 소개할 때 소개한 바 있는 음식을 제외한 상신동의 보편화되고, 타 고장과 다른 음식을 소개한다.

상신동의 음식은 대체적으로 우리나라 서민층이 즐겨먹는 음식인 듯하다. 주요 식자재는 거의 자기 소비용으로 텃밭이나, 나무새밭에서 기른 식물성 식자재와 마을 주변 하천이나 둠벙 같은 곳에서 잡은 민물고기가 대부분이고, 간혹 집에서 기른 가금류도 식자재로 이용하였다.

상신동의 음식으로 소개할 음식을 분류해 보면 다음 표와 같다.

구분	음식물명
국수	누른국, 건진국수, 새참국수, 수제비
떡	깨끼떡, 인절미, 백설기, 개떡, 떡볶기, 시루떡, 수수팥떡, 찹쌀부꾸미, 수수부꾸미, 차조인절미, 지름떡
죽	콩죽, 팥죽, 풀대죽, 나물죽, 흰죽, 보리죽, 닭죽, 암죽(미움)
술	막걸리, 맑은술
장(醬)	간장, 된장, 무거리된장, 담북장, 빠금장, 고추장
국(찌개)	까치내조개국, 올갱이국, 아욱국, 배춧국, 김칫국(찌개)
복다림국	개장국, 육개장, 닭개장
장아찌	오이장아찌, 참외장아찌, 무장아찌, 말나물장아찌, 마늘쫑장아찌, 물곳싹장아찌, 깻잎장아찌
건채류	고구미잎 줄기, 토란줄기, 박고지, 호박고지, 무청시래기, 아주까리잎, 머우잎줄기
민물고기	가물치(회, 곰국, 조림) 미꾸라지(곰국, 조림, 튀김) 피라미(조림, 튀김, 구이, 매운탕) 새뱅이(조림, 마른새뱅이국) 용봉탕(잉어와 자라) 붕어(조림, 매운탕) 메기(매운탕, 조림) 민물생선 매운탕

1. 국수

※ **누른 국**　누른 국은 밀가루와 콩가루를 10대 1 정도로 섞어 반죽 한다. 홍두깨로 밀어 1mm 정도의 두께로 하여 3mm 폭으로 가늘게 썬다. 국수가닥을 피워 끓는 물에 엉켜 붙지 않게 넣는다. 국수가닥이 다 익으면 그릇에 퍼 담는다. 국수국물은 집안 형세에 따라 닭국물이나 멸치국물로 하는 집도 있고, 어려울 때에는 익은 김치를 송송 썰어 넣기도 한다. 주로 겨울철에 많이 해 먹는다. 고명은 김치를 잘게 썰어 볶거나 참기름과 깨소금 등을 무쳐 넣는다. 양념장으로 간을 맞추어 먹는다.

※ **건진 국수**　건진 국수는 밀가루와 날콩가루의 비율을 3대 1의 비율로 하여 잘 섞어 반죽하여, 0.5mm 정도의 두께로 밀어 폭 1.5mm 정도로 가늘게 썬다. 끓는 물에 넣어 국수가닥이 다 익으면 건져 찬물로 식힌다. 이때 국수가닥에 붙어있는 밀가루를 깨끗이 씻어야 깔끔한 맛이 난다. 건진 국수는 겨울철에는 더운 국물에 말고, 봄・여름・가을철에는 찬 국물에 만다. 장국은 특별한 경우 외에는 멸치국물이나 김치 국물에 말아, 양념장으로 간을 맞추어 먹는다. 고명은 쇠고기 꾸미를 넣든가, 미나리나 애호박 볶은 것을 넣는다. 봄철에는 미나리를, 애호박이 생산되는 초여름부터는 애호박을 살짝 볶아 양념하여 넣는다.

※ **새참 국수**　새참 국수는 들이나 집안에서 여러 사람이 일할 때 점심과 저녁 사이 즉, 저녁 새참으로 내는 국수를 말한다. 들로 내갈 때 국수가 불어 맛이 떨어지기 때문에 차게 한다. 국수가닥은 누른 국과 건진 국수의 중간쯤으로 한다. 요즈음은 잔치 국수같이 국수집에서 국수틀로 눌러 뺀 국수를 사용하지만 40~50년 전만 해도 거의 손으로 밀어 칼로 썬 국수였다. 장국은 멸치국물이 대종을 이루었고, 고명은 없다. 양념장을 맛있게 하여 그것으로 간을 맞추어 먹는다.

※ **수제비**　수제비는 밀가루 또는 메밀가루를 질퍽하게 반죽하여 주걱에 펴놓고, 끓는 장국에 숟갈총으로 떠 넣었다. 수제비라 하여 꼭 손으로 떼어 넣는 것이 아니었다. 상신동에서는 매운 수제비를 해 먹었다. 고운 고춧가루를 반죽할 때 넣기도 하고, 장국에 고추장를 풀어 고추장국을 만들고 거기에 수제비를 만들어 먹었다.

2. 떡

상신동에는 떡 종류가 유난히 많다. 100년 전까지 잘 살던 집이 있어, 그 집 음식이 보편화되었다는 설이 설득력이 있다. 반찬등속에서 소개한 떡 이외의 떡은 다음과 같다.

* **깨끼떡** 깨끼떡은 멥쌀을 곱게 빻고, 콩과 동부는 삶고, 곶감과 대추는 깨끗이 씻어 쌀가루와 섞는다. 이때 약간의 간을 하고, 단맛을 낼 조청이나, 설탕을 콩과 동부에 첨가한다. 쌀가루는 물에 앙구어 떡을 찌면 멥쌀도 좀 차지게 된다. 이렇게 찐 떡은 다 익으면 칼로 2cm 두께로 썰어 먹는다. 멥쌀 대신 찹쌀로 하면 찰떡 또는 꿀떡이 되는데 꿀떡으로 만들려면 꿀이나, 조청을 콩 등과 버무린 후 쌀가루와 섞어 찌면 된다. 시중에 상품으로 나오는 꿀떡은 쌀을 한 켜놓고 콩 등도 한 켜놓고 찐 것으로 너무 차지면 떡이 설기 쉬워 한 두 켜로만 찐다.
* **인절미** 인절미는 찹쌀로 만든다. 만드는 방법은 두 가지가 있다. 하나는 찹쌀 설기를 쪄서 절구나, 매로 쳐 인절미를 만드는 방법이고, 또 한 가지는 찰밥을 질게 하여 절구나 매로 밥알을 뭉개는 방식이다. 상신동에서는 주로 후자의 방법으로 인절미를 만들었다. 고물은 콩을 볶아 곱게 빻아 콩가루를 만들어 입힌다. 이 밖에도 거피한 팥이나 동부를 익혀 사용하기도 하고 더러는 붉은 팥고물을 사용하기도 하였으나, 대종은 콩고물이다. 콩고물도 콩을 볶아 먼저 껍질을 벗기고 곱게 빻을 때 마늘과 생강과 약간의 간을 하는 것이 특징이다. 요즈음은 설탕이나 감미료를 넣기도 한다. 상신동의 인절미는 모가 반듯하다. 적당히 뭉쳐 썬 것이 아니라 다진 인절미를 길게 하여 네모지게 만든 다음 칼로 모가 반듯하게 썰고 고물을 입힌 후 떡을 재울 때 모를 잡는다.
  찹쌀이 귀할 때에는 차조로도 인절미를 만들어 먹었다.
* **백설기** 백설기는 멥쌀을 곱게 가루 내어 고물 없이 찐 떡을 말한다. 멥쌀이기 때문에 차진 떡을 원할 때에는 쌀가루를 물에 앙구어 찌면 차진 설기를 얻을 수 있다. 물에 앙구는 방식은 쌀가루에 약간의 물을 풍겨 골고루 섞은 뒤 손으로 치댄다. 물기가 골고루 배면 손으로 비벼 얼기미(어래미)에 내려, 시루에 찐다. 단맛을 좋아하면 설탕 등 감미료를 넣고 약간의 간도 한다.

※ **개떡** 개떡은 구황식품에서 설명한 바와 같이 쌀이 귀한 여름철에 밀가루를 쌀가루 대신으로 만든 깨끼떡 비슷한 밀떡이다. 밀가루와 콩이나 동부를 섞어 솥에 검그레를 하고 삼베 보자기를 깔고 그 위에 떡을 안치는 방식으로 쪄낸다. 밀가루가 없을 때에는 보릿겨로도 만들어 먹었다.

※ **떡볶기** 떡볶기는 정월 초 떡국 해먹고 난 뒤 한 철만 해먹던 어린이들 주전부리 음식이다. 떡가래를 4cm 길이로 썰고 그것을 반으로 쪼갠다. 떡국 꾸미 남은 것에 파 마늘 등 갖은 양념과 설탕, 배추고갱이 같은 채소 약간 넣고, 볶아 야채가 거의 익을 무렵에 떡가래 썰어 놓은 것을 넣고 다시 익혀 떡가래가 다 무르면 먹었다. 요즈음 같이 고추장이나 다른 양념은 하지 아니했다.

※ **시루떡** 시루떡은 일반적으로 찹쌀로 한다. 상신동에서는 멥쌀로도 물을 앙궈 시루떡을 했고, 무고지(오가리), 호박고지, 절간고구마 등을 넣어 만든 무떡, 호박떡, 쑥떡 등도 멥쌀로 해먹었다. 시루떡의 맛은 고물에 있다. 상신동에서는 고물로 팥, 콩(메주콩 볶아 빻은 것), 검정깨, 거피동부, 거피검정팥 등을 사용하여 떡을 만들었다. 찰떡도 멥쌀과 반반 섞어 만들기도 하였다. 일반적으로 찰떡보다 멥쌀 시루떡이 더 두텁다.

※ **수수팥떡** 수수팥떡은 아기 백일, 돌, 생일 등 주술적 의미로 해먹은 것 같다. 수수를 곱게 빻아 솔방울만큼 뭉쳐, 끓는 물에 넣어 떠오르면 건져 팥고물에 넣어 굴려 골고루 묻으면 꺼낸다. 그릇에 담아 식힌 후에 먹는 데, 백일이나 돌떡은 수수팥떡과 백설기를 하여 이웃과 나누어 먹었다. 백일떡이나 돌떡을 받으면 무병장수를 기원하는 뜻의 실타래로 답례하든가, 돈을 떡 그릇에 담아 돌려주었다.

※ **부꾸미** 부꾸미는 정초에 해 먹었다. 찹쌀이나, 수수를 곱게 가루내어 익반죽하여 어린애 주먹만큼 뭉친다. 번철에 기름을 두르고 뭉친 덩어리를 납작하게 하여 번철에 올린다. 올린 덩어리를 주걱이나 수저로 누르면 잘 퍼지지 않는 것도 익으면서 부드러워 지고, 넙적하게 큰 접시만큼 되면 뒤집으며 익힌다. 다 익으면 만들어 놓은 부꾸미 속을 넣고 반으로 접던가, 돌돌 말아 두었다가 먹을 때

다시 익혀 먹는다. 부꾸미 재료가 부족할 때에는 넓게 부친 채로 보관했다가 정초에 손님이라도 오면 불에 눅여 속을 만들어 넣고 상차려 낸다.

※ **지름떡** 지름떡은 전병, 부침, 빈대떡 등으로 부르는 음식으로, 지름은 기름의 상신동 사투리다. 지름떡은 전유어를 비롯하여 번철에 기름을 두르고 익혀내는 음식의 총칭이다. 주재료는 밀가루와 메밀가루이며 상신동에서는 주로 밀가루를 사용하였다. 간혹 녹두전을 만들 때에는 주재료가 녹두가 되는 수도 있다. 겨울철에는 김치를 넣은 김치전, 봄에는 미나리전, 여름에는 애호박전, 가을에는 파전 등과 같이 제철 부재료를 사용하여 만들어 먹었다. 장떡이라는 지름떡도 있다. 장떡은 밀가루 반죽할 때 된장과 고추장을 넣어, 반찬으로 먹기 위하여 만들었던 지름떡이다. 어린이를 위하여 설이나 추석 같은 때에는 밀가루 반죽으로 자근접시 만하게 하고 중앙에 떡국 꾸미를 놓고 부치는 잔전도 있다.

3. 죽

상신동에서 먹던 죽은 보양용, 식사대용, 이유식용 등으로 나눌 수 있다.
보양용 죽으로는 닭죽, 보리죽, 녹두죽, 깨죽 등이 있으며, 식사대용 죽으로는 콩죽, 팥죽, 호박죽과 나물죽이 있고, 이유식으로는 암죽이 있다.

(1) 보양죽

보양용이란 병 중, 병 후, 입맛 없을 때 먹었던 죽이다.

※ **닭죽** 닭죽은 닭을 삶은 후 닭고기와 쌀을 넣고 닭 삶은 국물을 붓고 쑨 죽이다.

※ **보리죽** 보리죽은 겉보리를 볶아 가루로 만들고, 설탕과 섞은 후 물을 붓고 끓인 죽과 보리쌀을 푹 삶아 으깨어 묽게 끓인 죽으로 구분된다. 귀리로 죽을 쑤면 서양식 오트밀이 된다.

※ **녹두죽** 녹두죽은 녹두와 쌀을 물에 불려 맷돌로 간 후, 그 물을 걸러 두면 녹말은 가라앉는다. 윗물을 먼저 붓고 끓이다가 나머지를 붓고 끓인다. 찹쌀가루로 새알심을 콩알만큼 만들어 넣는다.

※ **깨죽** 깨죽은 흰깨나 검정깨로 만든다. 깨와 쌀을 깨끗이 씻고, 잘 일어 한참 불린다. 불린 깨와 쌀을 맷돌로 곱게 갈아 체로 걸러 죽을 쑨다. 소금으로 간을 한다.

※ **흰죽** 흰죽은 쌀로 만든 죽으로 고기도 넣고 맛과 영양을 생각하며 병 중, 병 후 식사로 먹던 죽이다. 간장으로 간을 하여 먹었다.

(2) 식사 대용죽

식사대용 죽으로는 콩죽, 팥죽, 호박죽, 나물죽이 있다.

※ **콩죽** 콩죽은 콩을 불린 뒤 손으로 치대여 껍질을 벗긴다. 껍질을 벗긴 콩은 서너 시간 불린 뒤 맷돌로 곱게 간다. 콩물을 솥에 붓고 불린 쌀을 넣고 끓인다. 이때 쌀을 콩 갈 때 함께 갈고 죽을 쑤는 경우도 있고, 쌀이 귀하던 시절에는 쌀 대신 국수를 넣기도 하였다. 이것이 콩국수의 원조가 아닌가 싶다. 소금으로 간을 맞추어 먹는다.

※ **팥죽** 팥죽은 추수 후 별레 먹던가, 쭈구랭이 팥을 소비할 목적으로, 팥을 푹 고아 손으로 주물러 체로 거른 후, 그 물에 쌀을 넣고 쑤어 먹던 죽으로 찹쌀 새알시미를 넣어 먹는다. 동짓날이나, 초상집에 쑤어가는 팥죽은 주술적 의미가 크다고 한다(액 막이용).

※ **호박죽** 호박죽은 늙은 호박으로 쑨다. 늙은 호박의 속을 파내고 잘게 썬 후 솥에 넣고 삶는다. 호박이 무르면 쌀, 팥, 콩 등을 함께 넣고 으깬 뒤 주걱으로 저으면서 죽을 쑨다. 상신동에서는 호박죽을 호박범벅이라고 하며 설탕이나 조청을 넣어 달게 만들어 먹기도 했다. 제철이 지나 생 호박이 없을 때에는 늙은 호박오가리(호박고지)를 바짝 말려 가루로 만들어 두었다가, 밀가루나 쌀가루를 섞어, 콩 등을 함께 넣고 호박죽을 쑤기도 하였다.

※ **나물죽** 나물죽은 쑤는 방법이 거의 같다. 솥에 물을 붓고, 쌀과 나물을 넣고 죽을 쑤어 먹었다. 나물죽은 간장으로 간을 해 먹는다. 나물죽으로 쓰이는 나물류는 무청시래기, 아욱, 배추, 냉이, 콩나물, 김치 등이며 쌀이 없을 때에는 밀가루나 메밀가루 등으로 나물죽을 쑤어 먹었으며, 이것이 풀대죽이다.

(3) 암죽

암죽은 주로 젖이 부족한 어린이를 위하여 우유 등 모유 대신 줄 식량이 없던 시절 가난한 집의 아기들 식사용으로 쌀을 곱게 갈아 묽게 쑨 죽이다. 밥을 제대로 못 먹는 노인(와병 중)에게도 미음이나 암죽을 먹게 했다.

4. 술

상신동에서 가양주로 만들어 먹던 술은 막걸리와 맑은술이다.

※ **막걸리와 맑은술** 막걸리와 맑은술은 한독에서 먼저 용수를 박고 떠낸 것이 맑은 술이며, 맑은술을 뜨고 남은 술과 지게미를 손으로 짜 거른 술이 막걸리다. 맑은술은 주로 제주(祭酒)나 손님 접대용으로 쓰이고, 막걸리는 농주다. 냉장시설이 없던 시절에는 술의 보존이 어려워 맛이 변한다 싶으면 막걸리는 소주를 고았고, 맑은술은 초(醋)를 만들었다. 술은 쌀로 담그는 것이 상식이다. 쌀이 귀했던 시절에는 보리쌀로도 술을 담가 먹었다. 술이 좀 걸고, 맑은술을 뜰 수가 없었다. 밀주 단속이 시작되기 전까지 상신동에는 좋은 술 빚을 줄 아는 사람이 많았다. 지금도 구전되고 있는 술 담글 줄 아는 분들은 설과 추석, 제주만은 가양주를 쓸려고 누룩도 만들고, 술도 담그지만 옛 맛이 안 난다고 한다.

5. 장(醬)

장을 대별하면 간잔, 된장, 고추장이다. 상신동에서는 간장은 오래 묵을수록 좋고, 된장은 3년 넘으면 토장이라 하고, 장아찌 담그는데 사용하였다. 고추장도 3년 넘으면 생선찌개나 장아찌 담그는데 사용하였다.

※ **간장과 된장** 간장은 담근 지 1년이 안된 것은 햇간장, 3~4년 지나 간장독 아래로 소금 결정이 생기기 시작하면 진간장이라고 불렀다. 된장도 담근 지 1년이 안된 것은 햇된장, 3~4년 지나 검게 되면 토장이라 불렀다. 고추장은 봄에 담는 것이 보편화되었지만, 가을 고추장도 담았다.

※ **담북장**(청국장)　햇콩이 나오면 우선 담북장을 담았다. 가을철 햅쌀밥에 담북장에 두부 넣고 끓인 찌개와 먹는 밥맛은 참으로 천하일미다. 여름내 꽁보리밥에 된장찌개만 먹던 밥과는 큰 차이가 있어, 담북장맛에 살이 오른다고 생각하게 만들었다. 담북장은 겨우내 먹는다. 설이 지나고 날씨가 풀리면 상신동에서는 빠금장이나 무거리된장으로 찌개를 끓여 먹었다.

※ **빠금장**　빠금장은 볶은 콩의 껍질을 까서 불리고, 쪄서 잘 뜨면 햇볕에 말린다. 말린 메주를 해동 무렵에 깨끗이 씻고 곱게 빻아서 소금과 고춧가루 조금 넣고, 김치 국물이나, 동치미 국물과 김치 무를 넣어 따뜻한 부뚜막에서 약 1주일간 발효시킨 뒤 찌개용으로 쓴다. 김치 국물 등을 넣지 않고 소금과 고춧가루만 넣어 쌈장으로 사용하기도 한다. 빠금장은 간을 적게 했기 때문에 여름이 오기 전에 다 먹었다. 만일 남으면 된장과 섞어 여름철 쌈장이나, 찌개용으로 사용했다.

※ **무거리 된장**　무거리 된장은 고추장 담글 때 메주를 곱게 빻는데, 썩 뜨면 그 부분은 곱게 되지 않고 덩어리로 남게 된다(체로 친다). 그 남은 덩어리와 고춧가루를 섞고 간장이나 소금물로 간을 맞춰 발효시킨 것이 무거리 된장이다.

※ **고추장**　고추장은 메주가루와 고춧가루를 섞어 소금물로 반죽하여 발효시키는 것이 기본이다. 맛있는 고추장을 만들려, 고추장 메주쑬 때 밀도 넣고, 보리쌀도 넣고 쑤어, 띠워 쓰기도 하고, 따로 띠워 빻을 때 함께 빻아서 쓰기도 하였다. 쌀 고추장이나 찹쌀고추장을 담그는 것도 설기로 하여 엿기름을 넣어 식혜를 만들고, 달여 조청이 되면 그 조청에 고추장을 담그면 윤기도 있고, 맛도 좋아져서, 밥알을 삭혀 만든 고추장보다 맛이 더 좋다고 한다. 이 밖에도 수수고추장과 고구마 고추장도 담았다. 수수나 고구마를 쪄서 엿기름으로 삭혀 식혜를 만들고 다시 물엿이 되도록 다린 뒤, 고춧가루와 메주가루를 섞어 넣고 소금물로 간을 맞추어 담그는 것이다. 고추장이 3~4년 지나면 색이 검붉게 되고 점성이 높아져, 간장을 넣고 묽게 만든 후 생선찌개용이나 장아찌용으로 사용한다.

6. 국(찌개)

국이나 찌개는 모든 가정에서 해먹는 음식이다. 국이 없으면 찌개라도 있어야 밥을 먹는 습관이 보편화 되었다. 상신동에서 먹던 국이나 찌개도 별 차이가 없어 여기서는 다른 고장과 다른 몇 가지만 소개 한다.

※ **까치내 조개국**　까치내에는 30여년 전까지 민물조개인 재첩이 무진장 있었다. 이것을 상신동에서는 까치내 조개라 불렀고, 그것으로 국을 끓여 먹었다. 먼저 깨끗이 씻어 하루 이틀 물에 넣어 모래를 토하게 한 후 솥에 넣고 삶는다. 조개 입이 다 벌어지면 건져 껍질과 살을 분리하고, 살만 솥에 넣고 삶은 물을 부은 뒤 파와 마늘 생강을 다져넣고 끓인다. 국이 끓으면 계란을 풀고, 간장으로 간을 하여 먹었다. 정구지가 있으면 파와 함께 송송 썰어 넣었다. 고춧가루와 된장은 넣지 않는다.

※ **올강**(우렁)**국**　우렁(올강)국은 봄철 물 논에서 잡은 것이 제일 맛이 좋다. 해동하고 물을 가둔 논에 가보면 퇴비 등 유기질이 많은 곳에 올강이 몰려 있다. 이 올강을 잡아다가 하루쯤 물에 넣어 해감을 토하게 한 후 살짝 익힌다. 올강 몸통살만 꺼내어 찬물에 깨끗이 씻고 솥에 기름을 두르고 올강만 넣고 볶다가 진간장을 넣고, 마늘, 파 등을 다져 넣으면서, 감자를 잘게 썰어 넣고, 맑은장국으로 끓여 먹는다. 여름철 개울이나 연못에서 잡은 올강은 이 맛이 나지 않는다.

※ **아욱국**　아욱국은 된장을 풀고, 마른새우 넣고 끓이는 것이 정석이다. 상신동에서는 바다새우 말린 것 대신 민물새우(새뱅이) 말린 것을 사용하였다. 민물새우라 비린내가 날까봐 마늘과 생강을 다져 넣고 끓였다.

※ **배추국**　배추국은 겨울철 음식이다. 김장하고 남은 배추를 무광(토굴)에 넣었다가 국을 끓이는데 사용하는 배추는 봄동이라는 어린배추같이 김장용으로는 마땅치 않은 배추를 뿌리채 뽑아 저장 한다. 배추국은 된장국물에 멸치나 쇠고기를 넣고 끓인다. 이때 꼭 넣는 것이 배추꼬리다. 배추꼬리는 개량종 배추보다 재래종 배추 뿌리가 달고 맛있으며 국에 넣어 끓이면 국이 달고 국물이 부드럽고, 향도 있었다(감기 예방도 된다고 함).

※ **김치국** 김치국은 배추보다 무청 김치국이 맛이 좋다. 김장할 때 겨우내 먹으려고, 무청김치를 한 독씩 담았다. 무청을 소금물에 절여 파와 마늘만 넣고 소금 김치를 담근다. 고춧가루는 아주 조금 넣기도 하고, 넣지 않기도 하였다. 담근지 월여가 지나면 시원한 무청김치가 되고, 그것을 2cm 정도 길이로 썰어 멸치 정도만 넣고 끓여 먹었다. 시원하고 담백한 맛이 젓갈을 넣고 담근 배추김치찌개 보다 더 좋았다.

7. 복 다림국

복 다림국은 여름내 더위와 일에 시달려 지친 몸을 보신하려고 먹던 국이다. 복 다림국의 원조는 보신탕(개장국)이다. 개는 애완용이나, 경비용으로 키우는 것이 상식이지만 옛날 우리 조상은 개를 특별한 사료 없이 잡식성으로 키웠다. 어린애가 대변을 보면 으레 개를 불러 먹였으며, 누른 밥 찌꺼기나 먹고 남은 음식 처리를 시켰다. 잘 먹이는 집이라도 생선뼈나 대가리를 끓여 밥과 섞어 먹이는 정도로, 보통 똥개라 부르며, 일 년쯤 기르면 으레 개장용으로 잡아먹었다. 동네에서 개를 한 두 마리 잡아 온 동네 사람이 나누어 먹었으며, 지금도 그 풍습은 남아 있지만 상신동은 개를 잡아먹지 않는다. 개고기를 안 먹으니까 개 대신 몸보신할 거리를 찾던 중 쇠고기로도 개장국 같은 맛을 낼 수가 있어 생긴 것이 육개장이며, 그것도 어려워 닭으로 대신한 것이 닭개장이 아닌가 싶다.

※ **개장국** 개장국을 끓일 때에는 개를 잡아 개 껍질을 벗긴다. 사지를 떼고 업전 목항지 등 다 분리하여 솥에 넣고 푹 삶는다. 벗긴 개가죽은 속을 볏짚 같은 것을 넣고 털을 불에 그슬린다. 칼로 긁어 가며 다 그슬렸으면 뒤집어 깨끗이 씻고 잘게 썰어 개고기 삶는 솥에 넣어 함께 끓인다. 고기가 거의 익으면 양념한다. 고춧가루, 파, 생강, 마늘 등을 넣고 내장도 모두 넣는다. 더러는 간을 생식하기도 한다.

※ **육개장**　육개장도 고기(양지머리)와 간, 천엽, 창자 등 모든 부위를 다 넣고 끓인다. 육개장에는 고사리, 토란줄기, 파, 고구마 잎줄기 등 채소를 넣는다. 고추장이나 고춧가루와 후춧가루를 넣고 마늘과 생강도 다져 넣는다.

※ **닭개장**(닭계장)　닭개장은 고장마다 다르게 끓여 먹었다. 상신동에서는 닭을 잡아 살을 발라 잘게 썰고, 뼈는 으깨어 솥에 넣고 끓인다. 한참 끓인 닭뼈 국물은 뼈를 건져내고 따로 둔다. 잘게 썬 닭고기(내장 포함)는 기름을 두른 솥에서 살짝 볶고 간장과 마늘을 넣고 걸러놓은 뼈 고은 물을 붓고 끓인다. 닭고기가 다 익을 무렵 애호박을 열십자로 쪼개고 5mm 정도 두께로 토막 쳐 넣고 파와 정구지(부추)를 송송 썰어 넣고 계란 풀고 끓인다. 고춧가루와 후춧가루도 넣는다. 먹을 때 간장으로 간을 한다.

8. 장아찌

상신동은 짠지와 장아찌를 많이 해먹었다. 짠지류는 "반찬등속"에서 소개되었음으로 여기서는 장아찌만을 소개 한다. 상신동에서 많이 먹던 장아찌재료는 무, 참외, 외, 마늘쫑, 물곳 싹, 깻잎, 말나물 등이다. 산이 없어 산나물 장아찌는 없다.

※ **무장아찌**　무장아찌는 무 또는 동치미 무로 만들었다. 무는 깨끗이 씻고 반으로 쪼갠다. 소금물에 담가 하루쯤 두었다가 건져 볕에 말린다. 동치미 무도 반으로 쪼개서 물로 씻어 무와 같이 말린다. 꾸득꾸득하게 마르면 묵은 된장(토장)에 간장을 섞어 질퍽하게 하여 말린 무를 된장에 넣어 1개월 정도 두었다가 고추장(묵은 고추장)에 넣는다. 된장 장아찌를 좋아하면 그대로 두었다가 먹어도 된다. 고추장은 간장을 넣어 묽게 하여야 한다.

※ **참외와 외 장아찌**　참외와 외 장아찌는 넝쿨 걷을 때 덜 익었지만 비교적 큰 참외와 외를 반으로 쪼개어 속을 걷어내고 소금물에 2~3일 절여 말린다. 꾸득꾸득해지면 무장아찌와 같은 방법으로 된장에서 고추장으로 옮겨가며 맛을 낸다.

※ **마늘쫑 장아찌**　마늘쫑은 깨끗이 씻어 물기없이 말린 뒤 된장에 박고, 간이 배면 고추장에 옮겼다가 꺼내 먹는다.

※ **물곳 싹**(무릇 싹) **장아찌** 물곳 싹 장아찌는 봄철 물곳 싹이 날 때 주로 보리밭에서 그 싹을 채취했다. 뜯어온 싹은 데쳐 말린다. 다 마르면 삼베 주머니에 넣어 고추장에 박는다. 일주일 쯤 지나면 간이 배고 맛있는 장아찌가 된다. 귀한 손님이나 어른 밥상에만 올렸다.

※ **말나물 장아찌** 말나물 장아찌는 깨끗한 물에 나는 수초인 말나물을 해동 무렵 채취하여 말린다. 바짝 마르면 잘 보관했다가, 필요한 때가되면 삼베주머니에 넣어 고추장에 박고, 한 달쯤 지나면 꺼내 먹었다. 먹을 때 참기름과 깨소금으로 무쳐 먹었다.

※ **깻잎장아찌** 깻잎장아찌는 두 가지 종류가 있다. 하나는 생으로 간장에 넣어 익혀먹는 것이고, 하나는 들깨가 9월 15일 경부터 꽃이 피고 결실이 시작되기 때문에 10월 초 서리 오기 전에 깨끗한 잎을 따온다. 수량이 많으면 독에 넣고 물을 부어 삭힌다. 한 달쯤 지나면 물이 갈색으로 변하고 깻잎은 짙은 갈색이 된다. 이때 꺼내어 깨끗하게 헹궈 말린다. 꾸득꾸득 해지면 살짝 데쳐 다시 말린다. 다 마르면 젓갈들 넣고, 마늘, 파, 생강, 고춧가루 넣고 잘 버무려 독에 담는다. 먹을 때 참기름과 깨소금으로 맛을 낸다.

상신동의 장아찌 중 무, 참외, 외 장아찌는 먹을 때 들기름 넣고 갖은 양념하여 살짝 볶아 먹는다.

9. 건채류

상신동에는 산나물을 채취할 산이 없어 건채류는 주로 밭에서 기른 채소류를 겨울철 나물용으로 말려 보관하였다. 제사상에 올리는 고사리나 대보름 때 먹던 묵나물 중 취나물 등은 시장에서 구입하여 사용하였으며, 도라지만은 일부 농가에서 텃밭에서 길러 말렸다. 상신동에서 많이 말리던 건채류는 무청시래기, 토란줄기, 박고지, 호박고지, 아주까리잎, 고구마 잎줄기, 머우대, 무말랭이 등이다.

＊ **무청시래기** 무청시래기는 살짝 데쳐 말린 것과 생으로 그냥 마린 것 두 가지가 있으며, 조리 방법은 같다. 다만 데쳐 말린 것이 보관성이 양호하다고 생각되어 데쳐 말린다고 한다.

＊ **토란줄기** 토란줄기는 서리 오기 전에 잎과 줄기를 베고 토란은 흙으로 덮어둔다. 토란 줄기는 잎을 제거하고, 20cm 정도의 길이로 잘라 껍질을 벗기고 쪼개어 햇볕에 2일 정도 말리면 된다. 껍질 벗길 때 소금물이나 더운물에 적셔 벗기면 잘 벗길 수 있다.

＊ **박고지** 박고지(박오가리)는 박이 어느 정도 크면 바늘로 찔러봐서 잘 들어갈 때 수확하여 껍질을 벗기고 속을 파낸다. 잘 드는 칼로 돌려깍기하여 길게 하든가 3cm 길이로 잘라 말린다. 순백색인 것이 잘 마른 것이며 이틀 정도면 바싹 마른다. 박고지는 강정으로, 박짠지(반찬등속 참조)로도 활용되고, 물에 불려 볶아먹기도 한다.

＊ **호박고지** 호박고지는 채 썰어 말리거나, 나박 썰기 하여 말리기도 하고, 폭 2cm, 길이 5cm, 두께 2mm 정도의 크기로 잘라 말리기도 한다. 물에 불려 볶아 먹기도 하고, 김치찌개나 김치국에 넣어 먹기도 하며 채 썰어 말린 것은 물에 불려 살짝 데쳐 갖은 양념하여 무쳐 먹는다.

＊ **아주까리잎** 아주까리잎은 어린잎을 따서 말리며, 먹을 때 살짝 데쳐 울궈 무청시래기나 취나물 무치듯하여 먹는다.

＊ **고구마 잎줄기** 고구마 잎줄기는 8월 말경 수확하여 줄기의 껍질을 벗기고 살짝 데쳐 말린다. 껍질이 잘 벗겨지지 않을 때에는 소금물이나, 더운물에 담갔다가 벗기면 잘 벗겨진다. 고구마 줄기는 토란 줄기와 같이 육개장 끓일 때, 고사리 등과 함께 넣어 먹기도 하고 따로 무쳐 먹기도 한다.

＊ **머우대** 머우대는 밭두렁이나 경사지에 심는 숙근초인 머우 또는 머위의 잎줄기로 봄, 여름, 가을 수시로 수확할 수 있다. 어린잎과 줄기도 데쳐 먹는다. 머우대는 수확하여 잎을 제거하고, 줄기의 껍질을 벗기고 데쳐 말린다. 이것도 이틀 정도면 마른다. 저장하였다가 묵나물로 무쳐 먹거나 육개장에 넣어 먹는다.

* **무말랭이** 무말랭이는 김장이 끝나고 남은 무를 보관하기 어렵거나 봄에 월동한 무가 변질할 염려가 있을 때 채썰기 하든가, 나박썰기 하든가, 호박고지 큰 것 같이 썰어 말린다. 무는 호박이나, 고구마 잎줄기 등과 같이 잘 마르지 않는다. 잘 못 말리면 곰팡이가 나고 검은 점박이가 되는 수가 있어 바람이 잘 통하고, 햇볕이 잘 드는 곳에서 말려야 한다. 무말랭이 김치, 무말래이 고춧잎 김치, 생선식혜 만들 때 등 용도가 다양하다.

이 밖에 가지와 도라지도 말려 먹었다.

10. 민물고기 음식

상신동은 미호천 변에 있고 미호천이 범람할 때 만들어진 연못과 늪이 있어 민물어종이 많고, 고기도 많이 잡혔다. 동물성 식재료가 부족한 때에는 이 민물고기가 식량에 많은 도움을 주었다. 상신동은 주변 마을보다 훨씬 많은 물고기 잡이를 했고, 심지어 미호천 변에 있는 신대동 사람들보다 더 많은 물고기를 잡았다.
상신동에서 많이 잡은 물고기는 가물치, 피라미, 미꾸라지, 새뱅이, 잉어, 붕어 메기 등이며 조리법은 다음과 같다.

* **가물치 요리** 가물치는 뼈가 등뼈 뿐이며 크고 살이 많다. 내장을 빼고, 뼈를 바른 후 회를 쳐서 먹기도 했으며("반찬등속"에서 소개됨), 내장만 빼고 물에 넣어 푹 고아 가물치 곰국이 되면 허약한 사람, 병 후 조리하는 사람의 몸보신용으로 먹기도 하고, 특히 산모의 모유가 부족할 때 먹으면 젖이 많이 난다고 하여 산모는 꼭 먹던 시절이 있었다. 가물치는 이 밖에 조림으로 해먹기도 했다.
* **미꾸라지 요리** 미꾸라지는 지천했다. 여름철 소나기가 한 줄금하여 마을 앞 도랑에 물이 흐르고 비가 올 때는 영락없이 마당에 미꾸라지가 올라왔다. 어린애들은 소낙비에 섞여왔다고 신기해하면서도 빗속에서 미꾸라지 잡느라 노박이 하는 수도 있었다. 미꾸라지는 가을이 제철이다. 알이 밴 미꾸라지를 조림으로 만들어 먹으면 그 맛이 일품이다. 미꾸라지 곰국도 인기 있는 음식이었다. 미꾸

라지를 푹 고아 뼈와 살을 건져, 곱게 다져 계란 풀어 그 국물에 넣고 계란이 익고 엉기면 건져 간장 찍어 먹고, 국물은 소금으로 간을 맞추어 먹었다.

＊ **피라미 요리** 피라미는 까치내와 늪에서 잡았다. 배를 따고 조리던가, 튀김으로 하여 먹기도 하고, 매운탕을 만들어 먹었다. 상신동의 생선 매운탕에는 고춧가루는 넣지 않고 묵은 고추장으로 간을 맞춰 끓여 먹었다.

＊ **새뱅이 요리** 새뱅이는 가을철이 제철이다. 알을 품고 있으며, 잡기도 편했다. 논물을 뺄 때 따라 내려오는 새우 등을 밤새워 잡았다. 잡은 새뱅이는 무 썰어 고추장과 마늘 등 양념 넣고 조리면 맛이 좋았다. 많이 잡았을 때에는 살짝 쪄서 말려 먹었다. 아욱국이나 배추국에 넣어 먹었다.

＊ **용봉탕** 잉어나 자라를 잡으면 용봉탕이라 하여 함께 넣고 고아 먹던가, 따로 잡았으면 닭을 잡아 함께 고아 먹었다. 잉어는 보리 이삭이 나올 때(보리 팰 때)부터 누렇게 익는 사이에 비가 많아 오면 까치내 강가에서 산란하려 올라오는 잉어를 투망이나 가리로 잡았다.

＊ **붕어 요리** 붕어는 방죽과 연못(둠벙) 늪 등에서 잡았다. 가뭄으로 방죽물이 다 말라도 새가 붕어 알을 먹고 배설하면 물가의 풀이나 수초에 붙어 있다가 비가 오면 부화되어 방죽에는 붕어가 없어지질 않았다. 붕어는 가시가 억세다. 잔 붕어는 조림이나 매운탕으로 해먹고 큰 놈은 고아 먹었다.

＊ **메기 요리** 메기는 장마 지는 해에 특히 많이 잡힌다. 방죽에서 메기나 가물치의 새끼가 부화되면 몰고 다녔다. 새끼들은 물 속을 오르내리며 먹이를 찾지만 어미는 그 밑에서 개구리나 딴 물고기가 새끼를 잡아먹을까 감시하며 따라다닌다. 메기는 매운탕(찌개)이 제격이다. 가끔 많이 잡으면 조려 먹는다. 조린 국물이 식으면 묵이 된다.

＊ **모둠 매운탕** 민물생선 모둠 매운탕은 여러 가지 잔 생선을 잡았을 때 배를 따고, 고추장 육수를 부어 무, 파, 마늘 생강, 들깻잎, 쑥갓, 미나리 등을 넣고 끓여 먹는 찌개다. 이때 왕새우나 민물게를 넣으면 그 맛이 더욱 좋아진다. 호박은 어린 것으로 건더기가 적을 때 넣는다.

11. 콩자반

콩으로 만든 반찬은 "반찬등속"에서 소개한 콩 짠지와 콩자반이다. 콩자반은 흰콩을 볶아 참기름이나 들기름과 소금을 입혀 만든 콩 요리다. 흰콩이나 강낭콩으로 장조림할 때 함께 조려 먹기도 했으나 특별한 경우가 아니면 쇠고기 장조림은 해 먹지 않았다.

꿀떡

제 3 장 놀이문화

제1절 상신동 놀이문화의 특징

놀이의 성격과 효능은 어른과 어린이들에 따라 다르다고 생각한다.

어른들에게는 일상 활동 중 자고, 먹고, 일하는(재화 획득활동) 시간을 뺀 나머지 시간이 노는 시간이며, 놀이시간이다. 어린이들은 생산 활동 시간인 일하는 시간이 없다. 따라서 어른들의 노는 시간은 일에 지친 심신의 피로를 풀고, 다음 생산 활동에 필요한 활력을 충전시키는 시간이 되고, 어린이들은 먹고, 자는 시간을 뺀 나머지 시간이 모두 노는 시간이며, 장래의 사회생활을 준비하는 선행적 학습효과가 있는 놀이가 요구된다.

놀이에는 다음과 같은 요소가 있어야 한다.

1. 승부수가 있어야 한다. 겨루어 이기고 지는 일이 없으면 맥이 빠진다.
2. 자기의 능력을 자유롭게 과시할 표현의 시간이 주어져야 한다.
3. 재미가 있어야 한다. 흥이 나고 신명이 날 요소가 있어야 한다.

4. 할수록 기량이 향상되어야 한다. 아무리 해도 기량이 향상되지 않으면 계속하고 싶은 의욕이 없어진다.
5. 승부 등의 결과 예측이 불가능해야 한다. 뻔히 질 것을 알면 의욕이 없어진다.
6. 놀이에 상대방을 공격하는 재미와 공격에 대비하는 긴장된 스릴이 있어야 한다.

이와 같은 요소가 구비된 놀이는 참여 인원의 공감대가 형성되고, 자유롭고 속박 없는 놀이가 되어야 한다. 또 참여자 상호 간 경제적이나 정신적 이해관계가 없어야 하며, 놀이는 구경꾼 보다 참여자가 더 재미있고 신명나는 특성이 있어야 한다. 상신동의 놀이 문화는 시대에 따라 많은 변화가 있었다. 일본 강점기인 1937년 중일전쟁 이후 민족정신 말살정책의 일환으로 다수가 참가하는 전래의 놀이를 금지시키고, 일본식 놀이를 서구 문명사회의 놀이라 하여 소학교로부터 중학교 학생에까지 보급하여, 그것이 무엇을 뜻하는지도 모르고 놀이로 보급되어, 광복 후 6・25 전쟁 후까지 계속되었다. 놀이산업이 기업화되고, 학생들은 각종 시험 준비로 노는 시간을 다 빼앗기고, 농촌에는 젊은 사람이 없고, 노인만 남게 되면서 야외에서 단체 놀이를 할 사람이 적어졌다. 따라서 현재는 노인들이 마을회관에 모여 화투놀이를 하는 외에는 마을 부녀회 또는 각종 계모임에서 일 년에 한 두 번 단체관광이나 다니는 정도다. 핵가족화가 되면서 여유 있는 가정은 해외여행도 다니고 어린이 놀이공원에도 가지만, 돈 안 들이고 노는 놀이는 거의 없어졌다. 상신동에는 줄 당기기, 고싸움, 가면극 같은 대동놀이는 없었다. 이유는 1900년대 초까지는 불과 20여 호의 진주 강씨 집성촌이었기 때문에 많은 인원이 참가하는 놀이는 1930년대 후반부터 가능했다.

제2절 어른 놀이

1. 실내 놀이

※ **팔씨름** 팔씨름은 두 사람 이상이면 가능하다 선수 두 사람과 심판 1명으로 엎드려 하는 방법과 상이나 책상에 팔을 올려놓고 하는 방법, 또 하나는 앉아서 오른쪽 무릎을 세우고 무릎 위에 오른팔을 올려놓고 하는 방법이다. 팔 힘에 차이가 있을 때에는 센 사람이 약한 사람의 팔목을 잡고 겨루기도 한다. 보통 세 번 힘을 겨룬다.

※ **토막 빼앗기** 토막은 목침의 상신동 사투리다. 토막을 양편에서 한손으로 잡고 엎드려 서로 당겨 빼앗는 놀이다. 심판이 있어야 했다. 3판 2승제다.

※ **골패놀이** 골패를 가지고 노는 노름(사행성)이다. 네 사람이 있어야 했으나 세 사람으로도 가능했으며, 화투가 들어오면서 없어졌다.

※ **화투** 상신동에 화투가 들어 온 것은 1940년 경 만주로 취업차 간 강용구씨가 귀국하면서 화투 한 모를 가지고 와 전파되었다고 전해온다. 화투놀이는 민화투, 약단보기, 짓고, 땡이, 섰다, 나이롱 뽕, 고 스톱, 고도리 등이며 보통 네 명이 한 조로 논다. 그러나 사람이 부족하면 세 사람만으로 놀 수도 있다. 그 밖에 신수나 일수 보는 것은 혼자도 할 수 있다. 마을회관에 가면 할머니들이 심심풀이로 10원 내기 화투를 친다. 그러나 남자 어른 놀이의 화투는 거의 내기화투이며, 작은 것이 묵방 치기라는 야식 값 모으기 화투 정도고, 재미를 붙이면 밤을 새워가며 노는 수가 있어 경제활동에 지장을 주고 있다.

※ **장기** 장기는 두 사람이 두는 것이 정석이다. 그러나 재미로 둘 경우에는 으레 훈수꾼이 있게 된다. 박포 장기라 하여 사기 장기꾼이 차포 떼고 이기면 돈 내라는 사행성 장기도 있다. 실력에 차이가 나면 차나 포를 떼고 두기도 한다. 가끔 내기 장기도 둔다.

2. 실내의 놀이

※ **고누** 상신동에서는 고노라고 했다. 고누는 땅바닥이나, 종이에 즉석에서 말판을 그려 겨룬다. 고누는 호박고누, 참고누, 밭고누, 곤질고누, 패랭이고누, 팔팔고누, 포위고누, 장수고누, 왕고누 등이 있으나 상신동에서는 주로 호박고누와 밭고누를 두었다. 밭고누는 말 세 개씩 가지고 두며, 호박고누는 말 네 개씩 가지고 둔다.

※ **엿치기** 엿치기는 엿가락을 잘라 구멍이 큰 사람이 이기는 놀이로, 두 사람 이상이면 할 수 있는 놀이다. 엿장수의 엿가래를 각자 골라 절단하기 때문에 놀이가 끝나면 자기 엿은 자기가 먹을 수 있다. 구멍이 제일 작은 사람이 엿 값을 치른다.

※ **윷놀이** 윷놀이는 네 개의 윷가락을 던져 도, 개, 걸, 윷, 모라고 하는 셈으로 말판에 마련된 네 개의 말을 먼저 빼는 편이 이기는 놀이다. 말판은 두꺼운 종이나, 판자에 네모로 그리던가 원으로 그려 사용하며, 빠르면 12점이면 말 하나를 뺄 수 있고, 한 바퀴 돌게 되면 21점이 필요하다. 두 편으로 나누어 한편이 두면 다른 편이 둔다. 앞서가는 팀의 말은 뒤 따르는 편의 말이 점수가 같을 때 잡는다. 상대편의 말을 잡던가, 윷이나 모가 나면 또 한 번 윷을 던져 말을 전진시킬 수 있다. 편을 짜서 놀며 먹기 내기도 한다.

세시풍속으로 정초에 많이 놀았으나, 요즈음은 마을회관에 모인 할머니들이 심심풀이로 윷을 논다.

※ **연극, 노래자랑** 상신동에서는 연극은 1951년에 한 번, 1957년에 한 번, 노래자랑은 1959년에 한 번했다. 한국전쟁 중 귀향한 출향 인사들이 주동이 되어 시행했으나, 그 분들이 도시로 다시 나아가 중단됐으며, 노래자랑도 한 번하고 중단되었다.

※ **버들피리** 버들피리는 봄에 버들나무에 물이 오를 때 버들가지를 잘라 비틀고, 껍질을 벗기고 잘라 그 끝의 겉껍질을 칼로 훑터 속껍질만으로 불면 피리 소리가 난다. 이것을 상신동에서는 호디기라고 부른다. 보리 줄기로도 만들어 불었으며 이것이 보리피리다.

3. 실외 놀이

※ **서리** 주로 참외 서리를 했다. 서리란 밤에 주인 몰래 참외밭에 가서 참외를 떠오는 행위로, 한때 청년들이 재미로 하였으나, 상신동 어른들의 만류로 1940년대부터 없어졌다.

※ **갈퀴치기, 낫치기** 나무하러 가서 쉬는 사이 나무 한 갈퀴씩 걸고, 갈퀴를 던져 그어놓은 선을 넘기고 엎어진 갈퀴 주인이 이기는 놀이다. 이기면 나무를 가져간다. 낫치기도 이와 같다. 베어놓은 꼴을 한 낫씩 걸고 선을 남겨 낫이 꽂인 사람이 이기는 놀이다. 이긴 사람이 풀을 가져간다.

※ **동전치기** 일정한 거리에 선을 긋고 조그마한 원을 선 너머에 그린다. 동전을 그 원을 향하여 던지고, 원 안에 들어간 동전 주인이 나머지 동전을 따먹는 놀이다. 놀이 기구가 동전이기 때문에 사행성이 있다.

※ **자치기** 자치기는 긴 자와 작은 자로 구성된 놀이 기구로 노는 놀이다. 긴 자는 직경 1.5cm, 길이 약 60cm 정도의 나무 막대로 만들며, 작은 자는 직경 1.5cm, 길이 15cm 정도의 나무토막이다. 경기방법은 구멍치기와 때려치기의 두 가지 방법으로 놀았다. 구멍치기는 땅에 길이 15cm 정도, 깊이 5~7cm 정도, 폭 3cm 정도의 구멍을 파고 편을 갈라 시합을 했다. 먼저 구멍에 작은 자를 걸쳐 놓고 긴자로 떠 날린다. 방어하는 편은 날아오는 작은 자를 받으면 친 사람은 죽고, 다음 차례가 같은 방법으로 친다. 못 받으면 주어서 구멍 위에 옆으로 걸쳐 놓은 큰 자를 향하여 던진다. 맞으면 죽고, 못 마치면 공격하는 사람은 작은 자를 구멍에 비스듬히 꽂고, 그 끝을 치면 작은 자가 날아오른다. 이것을 공중에서 큰 자로 힘껏 쳐 멀리 보낸다. 이것도 방어하는 편이 받으면 죽고, 못 받으면 떨어진 자리에 가서 구멍과의 거리가 큰 자로 몇 자되는지 가늠하여 부른다. 너무 많이 부르면 계척하는데 부른 수 보다 적으면 무효가 되고 넘던가, 묵인되면 점수로 누적시킨다. 시합은 미리 정한 수를 먼저 채우는 편이 이기게 된다. 세 사람이 죽으면 공수가 바뀐다. 이외의 경기 방법이 있는데 상신동의 구멍치기는 이 한 가지만 고집했다. 또 다른 방법은 직경 2m 정도의 원을 그리고 원의 중간을 직선으로 둘로 나눈다. 공격하는 사람은 작은 자를 큰 자로 공중에서

때려 멀리 보낸다. 너무 가까우면 다칠 염려가 있어 일정거리(약 5m 정도)에 선을 긋고, 수비하는 편에서 들어오지 못하도록 했다. 작은 자가 날아가면 야구의 수비수 같이 맨손으로 받으려 했다. 받으면 죽는다. 받지 못하면 집어 던져 원 안으로 넣으려 한다. 이때 공격한 사람은 원내의 선 앞쪽에서 던진 작은 자를 큰 자로 때려 막을 수 있다. 작은 자가 원 내에 들어가면 공격수는 죽고, 다음 공격수가 등장한다. 세 사람이 죽으면 공수가 바뀐다. 원 밖에 떨어진 작은 자는 공격수가 세 번 칠 수가 있다. 작은 자와 원까지의 거리를 큰 자로 몇 자인가 대중 쳐 부르고 그것이 인정되지 못하면 큰 자로 잰다. 부른 수보다 적으면 죽고, 넘으면 부른 수만 점수로 누적시킨다. 미리 정한 점수를 먼저 따는 편이 승자가 된다.

※ **씨름** 상신동 씨름은 인근 마을에서 제일 잘했다. 강호성씨와 정동선씨는 청주 씨름대회에서 황소를 끌고 왔으며, 매년 추석 무렵이면 주로 장둥 잔디밭에서 동네대항 씨름대회를 가졌다. 6·25전쟁 전까지만 해도 친목 씨름대회를 매년 추석에 열었으나, 광복 후 혼란기에 좌우충돌과 관련하여 오해가 있을까봐 중단한 것이 지금까지 열리지 못하고 있다.

※ **그네뛰기** 상신동에서는 단오 때 그네를 매어 아낙네가 중심이 되어 즐겼다. 큰 나무가 없어 남예 오씨 종산의 큰 소나무와 강인원의 집 옆 산 참나무에 그네를 매고 놀았다.

※ **널뛰기** 널뛰기는 설 때 아낙네들이 즐겼다. 널판이 많지 않아 넓은 마당에 모여 놀았다.

※ **천렵과 답청** 봄이 오면, 까치내 냇가에 가서 천렵을 했다. 주로 물고기를 잡아서 개울가 잔디밭에 솥을 걸고 매운탕을 만들어, 술과 안주하여 하루를 놀며 지냈다. 연세가 높으신 분들은 천렵에 개를 잡았다. 술판이 벌어지기 전에 신발과 버선을 벗고, 잔디밭을 거닐었다. 답청(踏靑)이라 했다. 세 싹을 밟으면 그 정기가 발을 통해 온몸으로 퍼져 머리가 맑아지고, 심신의 피로가 풀린다고 말하였다. 상신동의 천렵에서 빼놓을 수 없는 음식이 있다. 개를 삶아 익으면 다리를 꺼내 편을 뜬다. 그 고기에 갖은 양념하여 햇볕에 말린다. 파리가 꼬인다고 어

린애들에게 파리를 쫓게 하기도 하고, 삼베 보자기를 덮고 말리기도 했다. 이 개고기포를 오후 술안주로 하였으며, 그 맛은 매우 좋았다.

* **풍물놀이**(풍장치기) 상신동의 풍물은 사물놀이다. 꽹과리 2개, 징 하나, 북 하나, 장고 하나다. 꽹과리(깽매기)는 상쇠와 부쇠가 하나씩 있어 두 개가 있었으며, 노는 장단은 굿거리장단, 흘림장단, 자진모리장단, 휘모리장단, 주모리장단을 주로 치며 놀았다. 건립은 다니지 아니했다.

* **상여놀이**(잿뜨리) 상여놀이다. 상신동의 잿뜨리는 좀 특이하다. 장례지내기 전날 밤 상두꾼들이 모여 예행연습과 연고자 집을 돌았다. 남자의 잿뜨리가 끝나면, 장수했던가, 덕망이 있는 할머니가 돌아가신 경우, 여자들이 밤늦게 소복을 하고 빈 상여를 메고 요령에 맞추어 곡을 하면서 고인을 추모하고, 상주를 위로하였다. 강종원씨 고조모 밀양 손씨와 정동선씨 조모, 정동선씨 모친의 사망 시 마을 아낙네가 소복차림으로 잿뜨리를 했다고 전해온다.

제3절 어린이 놀이

1. 실내놀이

* **실뜨기** 1m 정도 길이의 끈이나, 가는 줄의 양 끝을 묶고, 두 손으로 각종 모형을 만들면, 상대방은 이것을 다른 모형으로 만들며 주고받는 여자 어린이들의 놀이다. 혼자 노는 방법도 있으나 상신동에서는 두 사람 이상이 놀았다. 만드는 모형은 널틀, 쟁반, 젓가락, 베틀, 소눈깔, 물고기, 절구땡이 등이 있었다.

* **다리세기** 다리세기는 그 자체가 놀이가 아니고, 다른 놀이의 순서를 정할 때 여러 명이 마주앉아 다리를 쭉 뻗고 한 발씩 섞고, 왼쪽부터 "한 컬이 두 컬이 각 컬이 진도만도 도만도 짝벌이 후앵이 도리 김치 사리 읕"하며 말 한 마디마다, 발 한쪽씩 세어 마지막 "읕"에 걸린 사람이 첫 번째 순번이 되는 놀이다. 여자 아이들 놀이다.

※ **눈**(眼)**싸움** 눈싸움은 두 사람이 마주 앉아 심판의 시작 신호로 눈을 마주보며 겨루는 놀이다. 먼저 깜박인 자가 패자가 된다.

※ **팔씨름** 어른들 팔씨름을 모방한 놀이다. 주로 남자 아이들이 팔씨름을 하였다.

※ **각시 풀 놀이** 여자 아이 혼자 또는 여러 명이 모여 각시 풀이라는 봄보리 싹이나, 삐삐기 풀을 뜯어다가 수수깡이나 버드나무 가지의 껍질을 벗기고, 그 끝에 끈으로 곱게 다듬은 풀을 묶고 뒤집어 여자의 긴 머리 모양으로 만들고 빗으로 곱게 빗겨 서로 솜씨를 겨루는 놀이다.

※ **동구 팔이**(소꿉 장난) 여자 어린이들의 놀이다. 각종 살림살이 모형을 만들고 집도 그려놓고 어른 아이도 정하며 음식도 하고 예절도 익히며 노는 놀이다. 최근에는 소꿉 장난용 모형을 만들어 팔기도, 하지만 예전에는 어린이들이 새금파리, 납작한 돌이나 나무로 모형을 만들어 놀았다. 완구점에서 파는 완구도 어린이들의 사고력과 사회생활의 선행학습을 위한 동구 팔이 용품의 진화형태로 생각된다.

※ **수수깡 곡식모형 타작** 세시풍속에 속하는 놀이로, 정초부터 여자 어린이들은 수수깡의 속대로 각종 곡식 모형을 만들어 자리 밑이나 자기공간에 모아 둔다. 음력 1월 14일 타작을 한다. 풍년을 기원하는 놀이다.

※ **끝말잇기** 어린이들의 언어 학습을 위하여 고안된 것 같은 놀이다. 편을 짜던지 두 사람 이상이면 놀 수 있다. 두 편이 선후를 가위 바위 보로 정한다. 시작하는 사람이 "가위"하면 "위"자가 앞에 오는 말을 이어서 대답해야 하는 놀이로, 이음말이 늦으면 패자가 된다.

※ **수수께끼** 수수께끼도 역시 어린이들의 지능과 순발력을 키우기 위하여 고안된 놀이다. "장님도 볼 수 있는 것이 무엇인가"하고 물으면 "꿈"이라 대답해야 하는 식의 놀이다.

※ **옛날이야기 듣기** 상신동에는 옛날이야기를 잘 하는 사람이 있었다. 강사원(강재식)으로 어린이들에게는 대단한 인기가 있었다. 그의 옛날이야기는 달걀귀신 이야기 같은 귀신이야기와 담방구장수 이야기 같은 동화와 도깨비 이야기 등 다양한 이야기를 어린이들에게 들려주었다.

2. 실내외 놀이

※ **공기놀이** 공기놀이는 다섯 알 공기와 여러 알 공기로 나눌 수 있다. 다섯 알 공기는 도토리 알 만한 돌이나 합성수지로 만든 공기알 다섯 개를 가지고 논다. 먼저 다섯 알을 바닥에 뿌리고 그 중에서 한 알을 주어 한손으로 공중에 띄우고 하나씩, 둘씩 차례로 수를 증가시키며 주어 오는 경기다. 응용 방법이 발전하여 천재공기, 바보공기, 달팽이공기, 아리랑공기, 거지공기 등 많은 공기 놀이방법이 고안되었으나, 상신동에서는 옛날 공기 한 가지와 여러 알 공기 두 가지 놀이만 한 것 같다.

※ **딱지치기** 딱지는 접은 딱지와 둥근 딱지 두 가지를 가지고 놀았다. 상신동에서는 딱지치기를 표치기라 하였으며, 접은 딱지는 종이로 어린이가 직접 만들어 놀았다. 둥근 딱지는 헌책 뚜껑이나 판지를 둥글게 오려 만들거나, 문방구에서 살 수 있었다. 놀이방법은 두 사람 이상이면 가능하고, 땅바닥에 원을 그려 놓고 처음에는 한 장씩 던져 놓는다. 이것을 "댄다"고 한다. 가위 바위 보로 순번을 정하여 친다. 상대편이 놓은 딱지를 쳐서 뒤집히면 먹거나, 원 밖으로 나가도 먹는 두 가지 놀이방법이 있었다. 놀이에 쓰는 딱지는 각자 가지고 있는 딱지 중 가장 질이 좋은 것으로 하며, 넘기던가, 밖으로 나가면 지불하는 딱지는 따로 준비하여야 하는 게임 방법도 있었다.

※ **수건돌리기** 수건돌리기는 남녀노소가 즐길 수 있는 놀이다. 주로 명절이나, 소풍가서 단체로 놀 수 있어 인기가 있었다. 평평한 마당이나 잔디밭에 여러 사람이 안쪽을 바라보며 둘러앉는다. 술래가 정해지면 술래는 사람 등 뒤를 빠르게 이동하다가 수건을 어느 한 사람 뒤에 놓는다. 이때 모든 사람은 노래를 부르거나 흥겨운 놀이를 하고, 수건이 놓인 사람은 재빨리 집고 뛰어 술래를 잡으려 한다. 만일 수건이 자기한테 온줄 모르고 있다가, 술래에게 잡히면 그 사람이 술래가 된다. 또 술래를 따라 갔으나 술래가 한 바퀴 돌아 그 사람이 앉았던 자리에 앉아도 새 술래가 된다. 같은 방법으로 게임이 계속되면서, 술래는 노래를 하고 수건돌리기를 시작하는 곳도 있었다. 상신동에서는 새 술래는 노래를 불렀다.

※ **숨바꼭질**(술래잡기) 상신동에서는 술래잡기보다는 "숨바꼭질"이라는 용어를 사용했다. 주로 동네 골목에서 하는 놀이로, 어린이들 5~6명이 모이면 할 수 있는 놀이다. 숨는 구역을 정하고, 가위 바위 보로 첫 번째 술래를 정하고, 술래의 진을 정한다. 진은 주로 넓은 마당이 있는 집 담벼락 등으로 정한다. 술래가 눈을 가리고 하나, 둘, 셋하고 서른 정도 셀 때까지 빨리 숨어야 했다. 셈을 다 세면 술래는 숨은 자를 찾으러 나간다. 숨은 자를 발견하면 "아무개 잡았다"하고 소리치면 나와야 한다. 술래는 잡힌 사람의 등이나 팔에 손을 대고 포로가 된 것을 확인시킨다. 발각된 사람이 빨리 뛰어 술래의 진에 먼저 손이나 발을 매면 살게 되고 술래가 먼저 도착하면 죽게 된다. 술래는 한사람의 포로를 가둔 채 또 다른 사람을 찾으러 간다. 이때 숨어 있던 사람이 뛰어가 포로를 구할 수 있다. 또 다른 놀이 방법은 잡히면 죽는 것으로 술래는 모든 사람을 찾으면 술래를 면하고, 맨 처음 발견된 사람이 술래가 되었다. 한 사람이 잡히면 잡힌 사람은 술래가 가는 쪽을 향하여 "꼭 꼭 숨어라. 머리카락 보인다."를 외치며 술래의 행동을 방해하고 즐기며 놀았다.

※ **콩 주머니 놀이** 콩 주머니를 일본 강점기엔 "오자미"라 불렀다. 천으로 어린애 주먹 크기의 주머니를 만들고, 그 속에 콩이나 팥을 넣었다. 어려운 시기에는 그 속에 모래를 넣어 만들었다. 어린이가 직접 만들어 바느질 등 여자로서의 기능을 미리 익히는 놀이였다. 두 개 또는 세 개를 가지고 하나를 공중에 던지고 그것이 떨어지기 전에 또 다른 한 개를 던진다. 이때 먼저 던진 주머니는 받아 다시 던지고 하는 놀이와 공중에 바구니를 매 달아 놓고 밑에서 던져 넣는 경기도 하였으며, 바구니 두 개를 종이로 맞부쳐 놓고 콩 주머니를 던져 그것을 쪼개는 시합을 하기도 했다. 주로 초등학교 운동회에서 두 패로 갈라 승부를 겨루었다.

※ **윷놀이** 어른들의 윷놀이를 모방하여 놀던 놀이다.

※ **풍뎅이 놀이** 여름철 풍뎅이를 잡아 다리를 자르고, 목을 비틀어 뒤집어 놓으면 풍뎅이는 날개를 펴고 나르려 빙빙 돈다. 혼자도 할 수 있고 여러 명이 더 오래 돌기를 겨루기도 하였다.

※ **방아개비 놀이** 방아개비를 상신동에서는 왕아치라고 불렀다. 녹색 또는 갈색이며 7월경부터는 5cm 이상 큰다. 땅개라 하여 주전부리로 잡아 구어 먹기도 하고, 뒷다리를 쥐고 있으면 껑충 뛰려 몸부림친다. 이것이 흡사 방아(디딜방아) 찧는 모양 같아 즐기고 놀다 다리가 떨어지면 버리든가 구워 먹었다. 왕아치는 땅개비의 일종으로 화본과 식물(벼, 피, 보리 등)의 잎을 갈아 먹으며 이것은 암놈이다. 숫놈은 때까치라 하며 몸집이 왕아치의 5분의 1정도 밖에 되지 않아 7월 이후 교미할 때에는 왕아치의 등에 업혀 다니다.

※ **버들피리** 어른들의 호디기 흉내를 내는 놀이다. 쌍피리도 만들어 불었다.

3. 실외 놀이

※ **땅 빼앗기 놀이** 땅 빼앗기 놀이는 두 사람 이상이면 할 수 있는 놀이다. 두 사람이 마주앉아 먼저 놀이 할 땅의 범위를 정한다. 보통 네모로 하는데 두 사람이 앉은 사이에 사방 50cm 정도의 네모 또는 원을 그린다. 가위 바위 보를 한다. 이긴 사람은 이긴 것이 가위인가, 바위인가, 주먹인가에 따라 차지할 수 있는 땅의 넓이가 정해진다. 가위로 이겼으면 엄지와 둘째손가락을 힘껏 벌리고, 자기 앞 중앙의 선에 엄지를 대고 원을 그린다. 이것이 따먹은 자의 땅이 된다. 다시 가위 바위 보를 한다. 또 보로 이겼으면 손을 쭉 뻗고 엄지를 자기가 기왕에 먹은 땅의 구석에 대고 원을 그린다. 상대가 이기면 상대도 같은 방법으로 땅을 차지하게 된다. 계속하여 놀이를 하다 양쪽에서 땅을 다 먹어, 더 먹을 땅이 없으면 놀이는 중지하고, 누가 더 많이 먹었나를 재게 된다. 많은 땅을 차지한 사람이 승자가 된다.

※ **못 치기** 두 사람 이상이면 할 수 있는 놀이다. 놀이 도구는 못(釘)이다. 놀이 도구인 놀이 못은 굵고 긴 못의 머리를 납작하게 다듬거나 생긴 대로 못 치기를 한다. 땅에 직경 30cm 가량의 원을 그린다. 가위 바위 보로 순서를 정하여 진 사람이 먼저 자가 못을 던져 땅에 꽂는다. 깊고 단단하게 꽂는 것이 기술이다. 만일 못 꽂으면 누워 있는 상태로 상대방이 그 못을 내려치며 꽂는다. 박혀 있

는 못이 넘어지면 먹는 것이고, 누운 못은 쳐 원 밖으로 나가야 먹게 된다. 먹으면 놀이 못이 아닌 작은 못으로 지불해도 된다. 못 먹었으면 처음 친 사람 차례가 된다. 땅에 박힌 못을 빼가지고 상대 못을 쳐 넘기든가, 밖으로 내보내면 먹게 되는 놀이다. 어렵던 시절에는 못이 귀했다. 헌 못을 빼거나, 집에 있는 못을 어른 몰래 가자고 나와야 한다. 필자도 아릴 때 작은 못 세 개를 입에 물고 나오다 어머니한테 들켜 급한 김에 꿀컥 목으로 넘긴 일이 있었다. 몇 일간 대변을 뒤져 못을 찾았다. 다행히 찾았으니 말이지 나오지 않았으면 병원에가 큰 수술을 할 뻔했다. 그 후 상신동에서 어린이들 못 치기는 없어졌다.

＊ **줄넘기** 줄넘기는 일본 강점기에 들어온 놀이 같다. 전통 민속놀이면 어릴 때 줄넘기를 "나와 도비(繩飛)"라 하지 안했을 것 같다. 도입 경위야 어떻든 재미있고 운동효과와 순발력도 발전시키는 놀이다. 짧은 줄넘기와 긴 줄넘기가 있다. 짧은 줄넘기는 혼자 하는 놀이고, 긴 줄넘기는 두 사람이 긴 줄의 양쪽에서 줄을 돌리면 여러 사람이 그 안으로 들어가 껑충껑충 뛰어넘는 놀이다. 편을 갈라 더 많이 넘기를 겨룬다. 짧은 줄넘기는 놀이 방법이 다양하게 발달했다. 한번 돌리기는 기본이고 두 번 세 번 돌리기도 잘 한다. 8자형 돌려 넘기, 한발 들고 넘기, 달리는 모양으로 넘기, 한발을 굽혔다 폈다하며 넘기 등 다양한 놀이방법이 고안되었다.

＊ **고무줄놀이** 긴 고무줄을 가지고 노는 놀이다. 두 사람이 고무줄의 양쪽 끝을 당기고, 한 사람 또는 여러 사람이 그 사이에 들어가 노래를 부르며 발에 고무줄을 걸었다, 풀었다하며 뛰어논다. 고무줄의 높이를 올려 가며 같은 방법으로 놀았다. 편을 갈라 승패를 겨룬다.

＊ **눈(雪)싸움** 눈이 내리면 어린이들은 신이 난다. 눈에 끈기(습기)가 있으면 눈사람도 만들고, 눈밭을 신나게 달려 보기도 하지만 친구들이 모이면 편을 갈라 눈싸움하는 것을 제일 재미있어 했다. 눈을 주먹만 하게 뭉쳐 상대편을 공격하는데 눈덩이를 빨리 만드는 편이 이기게 된다. 얄궂은 애들은 상대편 아이들 등속으로 눈을 넣기도 하며 즐겁게 놀 수 있는 놀이다.

✻ **제기차기**　제기는 구멍이 있는 동전과 창호지로 만든다. A4 정도 크기의 창호지의 중간쯤에 동전을 넣고 종이를 말고 동전 구멍을 뚫는다. 그 구멍에 창호지의 양쪽 끝은 넣고 당긴다. 당긴 창호지를 풀고 가늘게 찢어 깃털 같이 만들면 제기가 완성 된다. 만드는 일은 어린이가 하게 되고 그 사이 손재주가 생겨 교육효과도 많은 놀이다. 노는 방법은 혼자 연습은 하지만, 보통 두 사람 이상이 편을 갈라 더 많이 찬 편이 이기는 놀이다. 제기를 발에 떨어뜨리면 한 할로 그것을 땅에 떨어지지 않게 차올려야 하며, 한번 차면 하나, 둘 세어 많이 찬 사람이 승자가 된다. 여러 사람이 돌려 차며 노는 놀이 방법도 있다.

✻ **씨름**　씨름은 어른 놀이를 흉낸 놀이다. 상신동 어린이들은 씨름을 잘했다. 여름밤 넓은 마당에 모이면 으레 씨름판이 벌어졌고, 그 덕에 기술도 향상되어, 초등학생들이 학교 체육시간에 씨름을 하게 되면 상신동 어린이들이 항상 최후 승자가 되었다. 씨름 기술은 생다리 걸기, 배지기, 안짱다리걸기, 팔넘겨 허리띠 잡고 돌리기 등이 주로 익힌 기술이었다.

✻ **말 타기 놀이**　말 타기는 남자 어린이놀이다. 두 패로 갈라 먼저 대장을 뽑는다. 대장은 힘이 세고 가위 바위 보를 잘 하는 사람을 뽑는다. 진편은 말이 되고, 이긴 편은 기수가 된다. 대장이 놀이터 담장 벽이나 나무에 기대서고 발을 벌리면 다음 사람은 그 가랑이 사이로 머리를 박고 엎드린다. 이긴 편의 대장이 먼저 달려와 껑충 뛰면서 엎드린 등에 올라탄다. 차례로 다 타고 나면 대장끼리 가위 바위 보를 하여 승자는 기수가 되고 진편은 말이 되는 놀이를 계속한다.

✻ **새잡기**　겨울철 눈이 오면 새들은 먹이를 찾아 눈이 없는 곳을 찾아다닌다. 새 덮치기를 가지고 눈밭에 볏집을 늘어놓고, 그 한가운데에 새 덮치기를 놓는다. 새 덮치기는 큰 활과 적은 활을 만들 나무가 필요하다. 볏집으로 이엉을 50cm 정도 만들고, 적은 활은 큰 U자형으로 만들어 새끼로 망을 뜬다. 큰활은 굵은 새끼줄로 활을 만들고, 새끼줄 몇 겹을 감아 U자형 망을 넣고 돌려 탄력을 확보한다. 그 사이로 엮어 놓은 이엉을 넣고, 이엉 밑으로 막대를 대고 활줄 끝부분과 묶는다. 이엉 끝 쪽은 활대에 정리하여 매고, 망에는 벼 이삭이나 조 이삭을 달고, 고일 가는 대나무에 고임 구멍을 내고 단다. 활대와 정리한 이엉에 긴 줄

에 달린 고임대를 달아 덮치기 망을 세워 직각이 되고, 고임대를 벼이삭을 단 대나무에 고인다. 새가 벼이삭을 따 먹으면 고임대가 튕겨 나고 망이 새를 덮쳐 잡히게 만든다. 이것은 모두 어린이가 직접 만들어 새를 잡는다. 부지런한 아이는 몇 개씩 만들어 놓았다 눈이 많이 오는 날 새를 잡았다.

※ **빙판 놀이** 상신동의 빙판(氷板)은 마을 앞 논과 방죽 밑 논이었다. 방죽이 있지만 어른들이 못 들어가게 해 논에서 놀았다. 빙판 놀이는 썰매타기, 스케이트타기 팽이 돌리기 등이었다. 썰매는 어린이가 직접 만들어 사용했으며, 앉아타기와 발을 올려놓고 타기가 있다. 스케이트는 상신동 형편상 구두 스케이트를 가진 사람은 없고, 나무와 철사로 만들어 끈으로 묶고 한발로 타는 외발 썰매가 전부였다. 팽이치기는 땅바닥이나 빙판에서 팽이를 쳤다. 어린이가 직접 만드는데 나무가 없을 때에는 여러 명이 톱과 낫을 들고 산으로 가 팽이감이 될 만한 나무를 자르고, 낫으로 팽이 모양을 만든다. 다 되면 톱으로 자르고, 또 같은 방법으로 연속하여 팽이를 만들다 뿌리 근처까지 계속 만들고 다듬어 사용했다. 팽이 끝에는 자전거 헌 바퀴에서 빼온 쇠구슬(볼)을 박기도 하였다.

※ **연날리기** 상신동의 연은 두 가지였다. 하나는 방패연이고, 다른 하나는 가오리연이다. 방패연이나 가오리연 모두 꼬리를 달았다. 방패연의 꼬리는 아래쪽 중앙에 길게 달고, 양 옆에는 짧게 달았다. 가오리연은 정사각형으로 만들어 모가 아래위로 향하게 대나무로 살을 만들어 붙였다. 연줄은 위 아래로 두 줄을 20cm 정도로 매고 합쳐 연줄과 연결하여 띄운다. 방패연은 장방형으로 만들고, 중앙에 큰 구멍을 낸다. 연의 위쪽은 대나무를 넣어 뒤로 활 같이 휘게 한다. 연줄은 위쪽 양편과 중앙 구멍 아래쪽에 맸다 연날리기 시합은 높이 날리기와 연줄 싸움을 하며 놀았다. 연줄 싸움에 유리하도록 연줄에 풀을 매기고, 유리나 사기 조각을 곱게 빻아서 묻혀 상대편 줄에 감고 톱질하여 자르는 시합을 하기도 하였다. 정월 초에 날리던 연은 보름께 액막이 시킨다고 멀리 날려 보냈다.

＊ **쥐불놀이** 상신동의 쥐불놀이는 유별났다. 정초에는 논둑 태우는 일로 시작되어 주로 얼음판 부근에서 깡통에 구멍을 많이 뚫고 철사로 줄을 매어 광솔에 불을 붙여 빙빙 돌리며 놀았다. 광솔은 쉽게 타서 기찻길에 가서 기관차에서 버린 석탄 조각이나, 코크스를 주어다가 광솔 위에 넣고 빙빙 돌려 불이 붙으면 한참 가지고 놀다 하늘 높이 던지면 불꽃이 볼만해서, 하루에도 몇 번씩 날리며 놀았다. 이것을 1월 14일(음력)까지 계속했다. 쥐불싸움은 주로 벌독징이 아이들과 방죽밑 들에서 했지만 상신동 애들이 극성스러워 피했기 때문에 동네 아이들끼리 즐기며 놀았다.

＊ **고무총놀이** 고무총은 Y자형 나무 막대기에 고무줄을 양쪽에 매고, 손잡이로 가죽이나, 두꺼운 천을 길이 5cm, 폭 3cm 정도로 잘라 양쪽 끝부분에 구멍을 내고 고무줄을 맨다. 도토리만한 돌을 넣고 잡아 당겼다 놓으면 50m 이상 나간다. 이것으로 새를 잡았다. 평소에 연습을 많이 한 애들은 10m 거리의 야구공도 명중시켰다. 학생들이 쉬는 날에는 떼를 지어 산으로 가 산새나 비둘기를 잡으러 다녔다.

＊ **진 빼앗기** 진 빼앗기를 일본 강점기에는 “진도리(陣取)”라 하였다. 각종 자료에는 전통 민속놀이라 되어있으나, 일본강점기에 초등학교에서 일본인 교사한테 체육시간에 배운 기억이 있는 필자는 외래 놀이가 아닌가싶다. 놀이 방법은 먼저, 두 패로 가르고, 각패의 출전 순서와 진을 정한다. 가위 바위 보로 진편이 먼저 출전하며 한사람이 출전하면 상대편도 곧 한 사람을 출전시킨다. 상대편의 전사 몸에 손을 대면 죽는다. 공격할 수 있는 상대는 자기보다 먼저 나간 적에 한하며 적진에 포로로 잡혀간 동료를 구출할 수 있다. 상대편보다 먼저 자기편 포로 몸에 손을 대면 구출되고 구출되어 자기 진으로 가는 적은 공격하면 안 된다. 이렇게 연속하며 뛰고 달리는 사이 적진이 비었을 때 손이나, 발로 적진을 점령할 수 있다. 점령당하거나 전원 포로가 되면 패자가 되고, 한 판이 끝난다. 계속 되풀이하며 논다.

※ **사방치기** 사방치기는 땅에 아래 그림과 같은 놀이판을 그려 놓고 직경 10cm 정도의 납작한 돌이나 새금파리로 말(삭)을 만들어 열 살 정도의 여자애들이 놀던 놀이다.

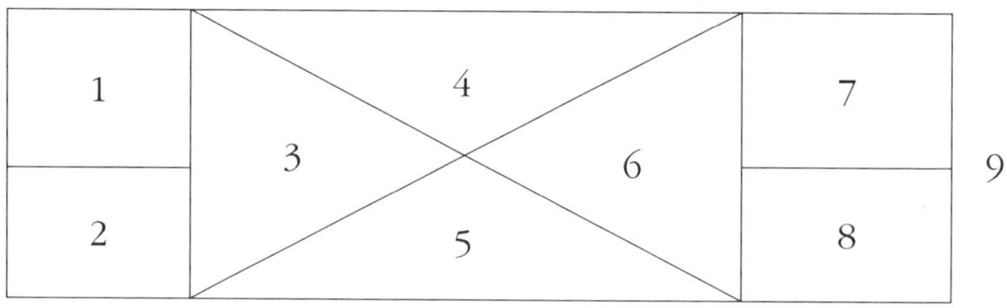

각자 자기 말을 가지고 논다. 그림 왼쪽 1과 2 밖에서 1, 2, 3 차례로 말을 던지고 1에 던졌을 때에는 2, 3, 4 차례로 깨금발로 차며 나간다. 8까지 왔으면 9로 차낸다. 9에서는 말을 발위에 올려놓고 위로 차올려 받아가지고 뒤로 돌아선 후 7과 8을 양발로 6은 깨금발로, 다시 4와 5는 양발로 3은 깨금발로, 1과 2를 양발로 밖으로 나와 쉬고, 뒤돌아서 2에 말을 던진다. 1에 던진 때와 같은 방법으로 차례로 차고 돈다. 이것이 기본이고, 재미를 더하려 여러 가지 놀이방법이 고안되었으나 상신동에서는 기본만을 가지고 놀았다.

※ **꼬리 따기** 꼬리 따기는 여러 가지 놀이 방법이 있으나 상신동에서 놀던 방법만을 소개한다. 20명 정도가 알맞은 인원이다. 각각 10명을 한편으로 하여 대장을 정한다. 병졸들은 대장의 허리를 두 팔로 쥔다. 나머지 대원들도 같은 방법으로 허리를 잡는다. 각 팀의 대장이 시작 신호를 보내면 각 팀의 대장은 상대편의 꼬리(맨 뒷사람)를 따려 달려간다. 뒤에 많은 사람이 매달려 움직이기 쉽지 않다. 상대편 대장도 같은 행동을 한다. 서로 따려고 달려가고, 꼬리 잘리지 않으려 도망가고 난장판이 벌어진다. 도중에 대열이 끊기거나 꼬리가 몽땅 잘리면 패자가 된다.

※ **구슬치기** 구슬치기를 일본강점기에는 "다마치기"라 했다. 다마는 玉 또는 球를 말하여 외래놀이 같다. 구슬치기는 가을과 겨울에 양지 쪽에 2~3명이 모여

놀았다. 상신동에서는 주로 10~15살 정도 남자 어린이 놀이였으나, 놀이 방법 중 한두 가지는 여자 어린이도 즐겼다. 경기방법은 손으로 하는 방법과 발로 굴려가며 하는 방법이 있다. 손으로 하는 방법은 세모치기, 구멍치기, 멀리치기, 벽치기, 눈치기, 막치기, 쌈치기, 홀짝 등이 있고,[1] 발치기는 삼사명이 구슬을 각자 하나씩 대놓고 순서를 정한 다음 발로 굴려 다른 사람의 구슬을 맞추면 먹고, 못 맞추면 그 자리에 두고 다음 차례를 기다린다. 다음 차례도 땅에 놓여 있는 구슬 중 자기가 쉽게 맞출 수 있는 구슬을 겨냥하여 자기가 댄 구슬을 발로 굴린다. 맞추면 먹고 못 맞추면 다음차례의 공격 대상이 되고 놀이는 계속된다. 발재간이 좋은 사람이 따 먹기 마련이다. 다음 놀이에는 먹히지 않으려 혼자서 구슬 두 서너개를 놓고 연습하는 모습을 종종 볼 수 있었다. 여자 어린이가 하던 놀이는 홀짝과 눈치기 같은 방안에서도 할 수 있는 놀이였다.

* **그네뛰기** 그네와 널뛰기는 어른들이 하는 놀이였으나, 여자 어린이들도 어른 흉내를 내며 즐겁게 놀았다. 주로 설과 보름사이에 즐겼다.
* **물놀이** 상신동주변에는 미호천과 연못이 많았다. 여름철 더위를 피하고, 소 풀 뜯기러 가서 물놀이를 많이 했다. 수영, 물싸움, 물고기잡기 등 재미있게 놀았다. 수영은 주로 큰샘거리와 늪, 까치내 개울에서 했다. 주로 개헤엄을 쳤다.

제4절 물고기 잡기

물고기 잡기는 놀이와 식자재 획득이라는 양면성이 있는 놀이다. 주변에 연못, 방죽, 늪, 미호천 등이 있어 어족 자원은 풍부한 편이었다. 최근에는 농약의 피해로 물고기가 잡히지 않지만 1960년대 까지만해도 미호천도 오염되지 않았고, 연못에도 잔챙이지만 물고기가 많았다. 상신동 사람들의 물고기 잡는 방법을 소개하면 맨손으로 잡기와 도구를 사용하여 잡는 방법으로 나눌 수 있으며, 자세하게 소개하면 다음과 같다.

---

1) 지식백과, 현암사

※ **넉 더듬** 맨손으로 잡는다. 물가의 수초사이를 손으로 더듬어 잡는 방식이며 연못과 늪에서 잡았다. 보통 4~5명이 모여 잡았으며, 잡은 고기는 나무 꾸러미에 꼬여 입에 물고 잡는다. 어종은 모든 어종이다. 큰 고기도 간혹 잡혔다.

※ **물 푸고 잡기** 작은 연못이나 늪 도랑 등의 물을 막고 두레나 고리투레 등으로 물을 퍼내고 잡는다. 혼자 잡는 수도 있으나 여러 사람이 협동하여 잡았다. 하루 종일 물을 푸고, 밤늦게 횃불 들고 잡는 일도 있었다. 많은 어종과 잡은 고기도 많아 가끔 청주 시장으로 팔러 나가기도 하였다. 잡은 물고기는 참가자 모두가 나누어 갖는다.

※ **겨울 미꾸라지 잡기** 상신동 앞들과 방죽 밑들에는 논에 물이 솟는 쉬라는 물구멍이 있는 논이 많았다. 겨울철에도 쉬는 얼지 않는다. 물이 솟는 구멍 근처에 미꾸라지들이 모이면 숨구멍이 보인다. 그 숨구멍을 삽으로 파헤치고, 삽으로 속에 미꾸라지가 있을 만한 점토를 눈 위로 파 올린다. 올라온 미꾸라지를 집게로 잡아 그릇에 넣으면 된다. 많이는 못 잡지만 무를 썰어 넣고 지지면 하루 반찬은 훌륭하게 마련된다.

※ **봄 모래무지 잡기** 언 땅이 풀리고 날씨가 따뜻해지면 상신동 젊은이들은 작살과 쇠갈퀴를 들고 까치내로 간다. 물이 흐르지 않고 머무는 곳에 가서 아래쪽에서부터 갈퀴와 작살로 모래를 긁는다. 모래 속에 숨어 있던 모래무지가 갈퀴나 작살에 걸려 모래 밖으로 튕겨 나오면 작살이나 쇠갈퀴로 눌러 잡는다.

※ **그물로 잡기** 고기를 잡는 그물은 투망, 활치, 빈망(세겹그물), 끌그물, 족박그물(뜰채 비슷한 것) 등이며, 어종은 모든 어종이다. 상신동에는 투망을 만드는 사람이 여러 분 있었다. 그물을 뜨고, 납으로 추를 주조하고, 줄을 매는 등 모든 작업을 할 줄 알았다.

※ **새뱅이 잡기** 새뱅이는 민물새우의 사투리다. 상신동 주변에 새뱅이가 많았다. 가을철이 제철이었다. 늪이나 연못의 새뱅이는 얼기미(어레미)로 훑터잡기도 했으나, 가을철 벼가 패고 고개를 숙일 무렵, 논물을 뺄 때 물고에 얼기미나 통발을 쳐 놓고, 등불을 밝히면서 밤새껏 물 따라 내려오는 새뱅이와 송사리 어린붕어 미꾸라지 등을 잡았다. 많은 양의 새뱅이와 미꾸라지를 잡았다. 새뱅이는 지

져먹고, 쪄서 말리고, 청주시장에도 내다 팔았다. 논물이 다 빠지면 새뱅이 잡이는 끝이 난다.

* **까치내 강고기 잡기** 미호천 작천보 언제를 만들기 전에는 물도 맑고, 흐름도 여러 갈래여서 고기 잡기가 좋았다. 까치내 조개(재첩)는 무심천 쪽의 물이 오염되는 바람에 다 없어졌고, 딴 어종도 잘 잡히지 않는다고 한다. 1960년대 이전에는 개울물이 두 갈래로 흐르는 곳에서 한쪽 흐름을 막고 아래쪽에 그물을 쳐놓으면 막은 물줄기에 있던 물고기는 쉽게 잡을 수가 있었다. 주로 일요일에 놀러나가 손쉽게 잡던 방법이다.

* **민물게 잡기** 추석이 임박하면 게는 산란장을 찾아 강 하류로 내려간다. 강폭이 좁은 곳에 볏짚으로 동아줄을 만들고, 약 30cm 간격으로 수수이삭을 꼬여 매달아 놓는다. 횃불을 밝히면서, 밤에 게가 내려오다 그 수수를 먹으러 쉬는 사이 뜰채로 모래와 함께 긁어 올리면 게를 잡을 수가 있었다. 게 어장을 선점하려 주변 마을 사람들이 눈독을 들이지만 상신동 사람들이 억세어 늦은 여름부터 움막지어 놓고 밤마다 지키는 바람에 독차지했으나, 작천보 언제의 배수문이 생기면서 게잡이는 끝났다.

* **낚시** 상신동에서 하던 낚시는 대낚시, 방울낚시, 주낙, 가물치 낚시 등이다. 대낚시와 방울낚시는 주로 방죽에서 했고, 주낙은 미꾸라지나 개구리를 꿰어 까치내와 늪에서 했다. 주로 가물치와 메기 뱀장어 등을 잡았다. 가물치 낚시는 가물치가 많은 연못이나 늪에서 했으며, 최근에는 방죽에서 한다. 낚시대 또는 릴 낚시대에 가물치 낚시를 달고 산 개구리를 미끼로 하여 가물치가 있음직한 곳에 던지면 가물치가 산 개구리인 줄 알고 덥석 문다. 이때 채면 잡을 수 있다.

* **가리질** 가리는 싸리나무나 대나무를 엮어 아래 위가 절단된 상태로 만든 고기잡이용 도구다. 방죽 물이 빠지고 물이 허리 밑으로 올 즈음이나, 장마에 올라온 잉어를 잡을 때 쓴다. 가리질 하는 방법은 물속에서 자기 1m 정도 앞을 가리로 내려 꽂는다. 고기가 그 안에 들었으면 가리를 받으며 나가려 몸부림친다. 손으로 고기를 찾으면 고기는 머리를 땅에 박고 도망칠 구멍을 찾는다. 이 때 손으로 잡는다. 비교적 큰 고기를 잡는다.

제 4 장
세시풍속

제1절 봄

1. 정월(음력 1월)

* **설날**(1일) 설날 아침이면 설빔을 입고, 조상님께(4대조까지) 차례를 올린다. 차례는 올리는 순서가 있다. 당내간의 큰집(종손)으로부터 차례로 지내다 보면 한나절이 지나서야 끝이 난다. 상신동의 진주 강씨들은 1970년대부터 종가집 차례가 끝나면 각자 증조 이하 종가로 나누어 차례를 지낸다. 차례가 끝나면 어른께 세배를 하고 어른은 자손들에게 세뱃돈을 준다. 최근에는 세배하는 사람이 어른께 세배하며 용돈을 드리기도 한다. 세배가 끝나면 조상 묘에 성묘하고, 동네 어른들께도 세배를 다닌다.
* **정초**(1~10일) 설이 지나면 복조리 장수들이 복조리를 팔러 다녔다. 졸대로 만든 조리를 집집마다 두 개씩 묶어 던져 놓기도 했다. 값은 오후에 받으러 다녔다. 지금은 합성수지나 스테인리스 철망으로 만든 조리 때문에 조리 수요가 없어져 복조리 파는 풍습은 없어졌다.

※ **첫 말날**(十二支의 午日) 매년 첫 말날이 오면 장을 담근다. 가을에 만들어 발효시킨 메주를 소금물에 담그는 행위를 말한다. 상신동 마을 앞 들샘(마을 보존 우물)물로 담근 장이 가장 맛이 좋았다고 한다.

※ **개보름**(14일) 보름이 오면 주부는 바쁘다. 오색나물을 만들고, 오곡밥을 하고, 보름떡도 한다. 오곡밥과 나물은 식구끼리 먹기도 하지만 젊은 사람들은 여러 집 밥을 먹으면 한 해 운수가 좋아진다고 집집마다 다니며, 밥을 얻어다 친구들과 모여 함께 먹었다. 보름떡은 시루떡이다. 여러 사람과 나누어 먹으면 좋다고, 집집마다 돌렸다. 주고받지만 형편이 안 되는 집은 얻어먹기만 했으나, 흉이 되질 안했다. 최근에는 집에서 떡을 직접 해먹는 집이 별로 없다. 여자 아이들은 모형곡식 타작을 한다. 풍년을 기원하는 민속이지만, 상신동에서는 경지정리 후 밭이 거의 없어 수수농사를 하지 않는다. 수수깡이 없어 그 풍속은 없어졌다. 정초부터 시작한 쥐불놀이는 14일에 마감한다. 최근에는 산불 등의 예방책으로 논두렁 태우기도 없어져 쥐불놀이는 거의 하지 않는다. 보름떡을 해먹을 때 고사를 지내거나, 안택도 했다.

※ **대보름**(15일) 대보름이 되면 어머니들은 아침 일찍 일어나, 온 식구에게 귀 밝기 술을 권했다. 귀 밝기 술을 먹고 나면 부럼을 깨물라고 했다. 부럼은 호두와 땅콩 생밤 잣 등이었으나. 잣과 호두는 값이 비싸 땅콩과 생밤만을 깨물어 먹었다. 부럼을 먹고 나면 가까운 친구를 불러 더위를 팔았다. "내더위사가라", 하기 전에 "먼저 더위"라고 대답하면 팔지도 못하고, 먹고 오기 일수였다. 처녀들은 집안에 있는 과수나무 시집보내기를 한다. 줄기에서 가지가 갈러진 사이에 돌을 끼워 놓는 것이다. 저녁이면 장둥으로 모인다. 달집태우기와 달맞이를 했다. 상신동 장둥에서 동쪽을 보면 상당산성이 바로 눈앞으로 보인다. 달 뜨는 모습을 가장 잘 볼 수 있어 달맞이는 장둥에서 한다. 장둥에는 꽤 넓은 잔디로 덮인 광장이 있었다. 달맞이 할 때 소원을 빈다. 처녀 총각은 시집 장가 보내달라는 소원이 가장 많았다고 한다.

※ **입춘**(立春)　입춘은 양력 2월 4일경이며 24절기의 첫 번째 절기다. 입춘이 되면 입춘 축을 붙였는데 상신동에 입춘 축을 붙이던 집은 강태희씨 집과 정학수씨 집 등 오륙호에 불과했다.

2. 2월

※ **2월 1일**　콩 볶아 먹는 날이다. 콩을 볶아 강정도 만들고 갱엿을 녹여 볶은 콩을 넣고 반죽하여 굳힌 콩엿도 만들어 먹었다. 노인이 있는 집은 찹쌀가루로 풀을 쑤고 설탕이나 조청을 넣고 볶은 콩을 넣어 뭉친 부드러운 강정도 만들어 먹었다. 최근에는 쌀로 튀밥을 튀겨다 놓고 먹는 집도 있다.

3. 3월

※ **한식**(寒食)　한식은 동지(冬至)로부터 105일째 되는 날이다. 설, 추석, 단오와 함께 4대 명절의 하나이며, 조상님께 한식차례(寒食茶禮)도 올린다. 최근에는 가정 형편상 4대조까지 제사를 모시지 못하는 집안에서 한식날 선조의 산소에 간단한 제사음식을 차려 놓고 한식차례를 올리는 경우도 있다.

※ **청명**(晴明)　24절기 중 다섯 번째 절기로 양력 4월 5일경이다. 조상 산소를 돌보며 산소의 잔디가 죽었던가 사태가 났으면 사초도 한다.

※ **삼월 삼진날**(3월 3일)　강남 갔던 제비가 돌아온다는 날이다. 남자들은 천렵을 갔다. 천렵은 개를 잡아 술과 함께 먹으며 하루를 즐기거나, 물고기를 잡아 생선 매운탕을 만들어 술 안주하여 하루를 즐겼다. 남자 어른들은 모여 시조를 읊던가, 노래를 부르며 놀았다. 술로 간단한 목 가심을 하고 나면 잔디밭을 맨발로 걸었다 답청(踏靑)이라 했다. 새싹의 정기가 발을 통하여 머릿 속까지 올라오면 심신의 피로가 풀리고, 정신이 맑아진다고 한다.

제2절 여름

1. 4월

※ **4월 초파일** 초파일은 석가모니의 탄신일이다. 지금은 불탄일이라하여 공휴일로 지정되어 있다. 상신동에는 불교신자가 없었다. 절에 다니는 사람도 없었다.

2. 5월

※ **단오**(端午. 5월 5일) 단오는 4대명절의 하나다. 수릿날이라고도 한다. 아낙네 들은 그네뛰기를 하고, 남자들은 약쑥 만들기를 했다. 약쑥은 빼뱅이 쑥을 베어 말렸다가, 약쑥으로 사용한다. 약쑥은 모깃불을 피울 때, 뜸질할 때에 사용되는 요긴한 약재다. 여자들은 물가에 있는 창포를 베어다 창포탕을 만들고, 그 물에 머리를 감았다. 단오 무렵에 창포탕으로 머리를 감으면 머리에 윤기가 생기고, 미리가 안 빠진다고 한다.

3. 6월

※ **유두**(6월 15일) 이때쯤이면 보리와 밀 등 하곡 수확이 끝난다. 햇 밀은 방앗간에서 밀가루로 만들어 왔다. 이것을 "밀 빻아온다"고 했다. 햇 밀가루로 국수도 해먹고, 애호박 지름떡을 부쳐 먹기도 했다.

※ **삼복**(초복, 중복, 말복) 초복은 하지(夏至) 후 세 번째 경(庚)일, 중복은 네 번째 경일이며, 말복은 입추(立秋) 후 첫 경일을 말한다. 각 복날은 10일 간격이다. 삼복기간은 20일간으로 일 년 중 가장 더운 시기로 알려지고 있다. 해에 따라 중복과 말복 사이가 20일이 되는 해가 있다. 이것을 월복이라 한다. 복날에는 복다림 음식을 해먹었다. 복 다림 음식은 개장국, 육개장, 닭개장, 삼닭, 마늘닭 등을 해먹었다.

제3절 가을

1. 7월

＊ **칠석**(7월 7일) 백중은 7월 15일이다. 상신동에서는 칠석과 백중의 풍속을 칠석날에 합하여 지냈다. 머슴 돈 태우기와 어린이 용돈 주기, 농사일 쉬기, 머슴 시장구경가기 등으로 모두 하루를 쉬었다.

2. 8월

＊ **8월 초** 조상 산소의 벌초를 하였다. 최근에는 1년에 두 번하고 있다

＊ **추석**(15일) 추석에는 조상께 차례를 지낸다. 차례가 끝나면 성묘를 간다. 추석에는 송편을 해 먹었다. 상신동의 송편은 "반찬등속"에 소개된 송편의 원형을 잘 보존하고 있다. 상신동을 떠나 객지에 살고 있는 사람들도 송편만은 100년 전 원형 그대로 해 먹고 있다.

3. 9월

＊ **9월 9일**(중양절) 구일차례(추석에 햇곡이 나지 않아 차례를 지내지 못 하거나, 무후한 5대조 이상의 시향을 미리 지내는 풍속)를 했으나 현재는 없어졌다.

제4절 겨울

1. 10월(상달)

※ **시향**(향제) 5대조 이상의 조상에게 일 년에 한번 10월에 산소에서 제사를 지낸다. 시조로부터 몇 대씩 혹은 산소가 있는 지역을 구분하여 차례로 지낸다. 상신동은 진주 강씨 집성촌이어서 시향 때가 되면 진주에 있는 시조의 향제부터 지내러 다녔다. 다니다 보면 5대조의 시향은 항상 날씨가 추워진 후에 지내게 되어 어릴 때 추억은 시향 날은 추웠다고 기억된다.

※ **가을 떡** 추수 후 햇곡으로 만들어 먹는 떡이 가을 떡이다. 상신동의 진주 강씨들은 가을 떡 해먹을 만한 집들이 순번을 정하여 하루에 한 집씩 가을 떡을 해먹었다. 떡은 시루떡이며 찹쌀로 한다. 보통 큰 시루로 두 개를 찌는데, 온 동네를 다 돌린다. 형편이 어려워 가을 떡을 못하는 집에서도 매일 떡을 한 달간 먹을 수가 있었다.

※ **고사와 안택** 가을 떡 할 때 고사를 지내는 집도 있었다. 일 년 간의 평안에 감사하고, 내년의 무사 안녕을 비는 안택도 몇 집에서는 해 걸러 하였으나, 1960년대 후반부터는 고사와 안택은 사라졌다.

※ **김장** 가을 일이 끝나면 김장을 한다. 무, 배추를 주원료로 하여 겨울 양식을 작만 했다. 무김치(동치미), 배추김치, 무청김치 싱건지(무와 무청을 소금과 파, 마늘만 넣고 싱겁게 담는 김치) 등을 담았다. 깍두기는 별로 담는 집이 없었다.

2. 11월(동짓달)

※ **지붕 해이기** 상신동 집들은 지붕 개량하기 전에는 기와집이 한 채 밖에 없었다. 1950년대 말부터 기외지붕을 하는 집이 많았지만 1950년대 까지는 김장이 끝나면 집집마다 지붕 해이기에 바빴다. 눈이 내리기 전에 해이어야 되기 때문에 남자들은 동짓달이 매우 바쁜 달이었다.

※ **메주 쑤기** 지붕까지 해이면 장 담글 준비를 한다. 흰콩(大豆)을 물에 불려 메주를 쑨다. 메주는 따뜻한 방에 매달아 띄웠다. 겉이 마르고 뜨기 시작하면 윗목에 서 숙성(발효)시킨다. 장은 정초 첫 말날에 담고, 봄에 간장을 뜨고 된장을 만든다. 고추장은 특별한 경우가 아니면 봄에 담았고 가을 고추장도 담았다.

※ **동지 팥죽**(떡) 동지는 24절기의 하나로 일 년 중 밤이 제일 긴 날로 알려졌다. 동짓날에는 팥죽을 쑤어 먹었다. 팥물에 쌀을 넣고 푹 끓인다. 찹쌀 새알심도 만들어 넣었다. 팥죽 대신 동지떡을 해 먹는 집도 있었다.

3. 12월(섣달)

※ **길쌈** 상신동에는 경지정리 하기 전까지는 밭이 많았다. 목화를 많이 심고 길쌈을 해 자녀의 학자금과 생활용품 구입비로 쓸려고, 무명을 시장에 내다 팔았다. 공장에서 만드는 광목이 나오기 시작하면서 길쌈도 없어졌다. 목화는 서리 오기 전에 뽑아 양지 바른 곳에서 널어 말린다. 목화송이는 여물어야 솜(목화)이 된다. 아직 여물지 않은 것을 달래라 하여 달다. 어린애들은 밭에서도 따 먹었고 목화 바를 때에도 따 먹었다. 따온 목화는 잘 말려 씨앗으로 씨를 빼고 고추를 만들어 실을 뽑는다. 실을 뽑는 일을 "잣는다"고 했다. 부녀자들이 모여 문래를 가지고 실을 잣는 일을 품앗이로 했다. 뽑은 실에 풀을 먹여 말리는 일을 "베 맨다"고 한다. 도투마리에 감은 날실을 베틀에 올려놓고 북에 실을 넣어 왕복시키면서 무명을 짠다. 상신동에서 재배하던 목화에는 누런색의 목화도 있었다.

※ **설 제수 장만하기** 섣달 그믐께가 되면 설 준비를 한다. 설빔도 만들고, 음식도 작만 해야 했다. 가장 먼저 준비하는 음식은 제주다. 쌀과 누룩을 섞어 발효시키면 술이 된다. 다 고이면 용수를 박고 맑은 술을 뜬다. 맑은 술을 다 뜨고 나면 걸러서 막걸리를 만든다. 제주가 준비되면 떡국용 가래떡을 준비한다. 흰떡은 멥쌀로 설기를 쪄서 만드는 방법과 밥을 질게 하여 뭉겨 만드는 두 가지 방법이 있으며, 날쌀가루를 뭉쳐 뽑아 썬 날떡국도 만들었다. 요즈음은 방앗간에서 설기를 찌어 뽑는 가래떡이 보편화 되었다.

※ **섣달 그믐날**　그믐날 밤에 잠을 자면 흰 눈썹이 된다고 하여 어린이들에게 잠을 못 자게 하였다. 잠을 잔 아이는 아침에 자기 눈썹이 백색이 된 것을 볼 수 있었다. 장난꾸러기들이 쌀가루나 밀가루를 눈썹에 발라 놓은 것이다.

제 5 장
민속

제1절 통과의례

1. 출생

출생의례는 임신에서 출산하여 어느 정도 성장할 때까지 아기의 건강과 행운을 비는 의례를 말한다. 기자의식(祈子儀式), 임신풍속(妊娠風俗), 해산풍속(解産風俗), 육아풍속(育兒風俗)으로 분류된다.

* **기자의식**(祈子儀式) 손(孫)이 귀한 집은 아들 낳게 해달라고 삼신에게 빌기도 하고, 절에 가서 부처님께 아들 낳게 해달라고 치성을 드리기도 하며, 성황당이나 위 남예 샘에 가서 빌기도 하였다. 집안에서도 장독대에 정화수 떠 놓고 성주나 삼신할머니께 빌기도 한다. 상신동에서 매일 새벽 청주 우암산에 가서 백일기도 드린 분도 있었다. 음식도 가려 먹었다. 아들 낳은 집의 금줄을 훔쳐다가 모셔 둔다거나, 다산한 여인의 입었던 치마를 얻어다 입기도 하였다.

※ 임신풍속 임신된 것이 확실해 지면 여러 가지를 금지하거나 행동에 제한이 따른다.

첫째, 정신적인 제한사항으로 남을 미워하거나 질투하지 말 것. 음란한 행위나 생각을 하지 말 것. 착하게 살 것

둘째, 임부와 가족의 행동에도 금기와 제한이 있다. 상가나 혼인집에 가지 말 것. 바가지에 음식을 담아 먹지 말 것. 빗자루를 깔고 앉거나, 무거운 물건을 들지 말 것

셋째, 음식에도 제한이 있다. 토끼고기, 오리고기, 개고기, 비들기고기, 상갓집고기 등을 먹으면 출생할 아기의 신체상 불구가 되는 수가 있고, 이 빠진 그릇으로 음식을 먹으면 출생할 아기의 출세에 지장이 있다고 하였다.

※ 해산풍속

첫째, 순산 기원 풍습으로 남편의 허리띠나 옷을 두른다. 순산 경험이 있는 부인의 옷을 빌려다 덮어 준다. 계란에 참기름을 타서 먹는다. 농 서랍을 모두 열어 놓는다. 집안의 쇠고삐를 풀어 놓는다.

둘째, 순산을 위한 탕약을 먹는다. 순산을 위하여 불환금정기산(不換金正氣散)을 달여 먹였다.

셋째, 산후 조치를 신속히 한다. 탯줄을 알맞은 곳에서 아기 쪽으로 훑어 내라고 아래 위를 실로 단단히 묶는다. 동여맨 중간을 잘 소독한 가위로 자른다. 삼신상을 차려 쌀, 미역, 정화수를 바치고 삼신상의 쌀과 미역으로 국을 끓여 첫 국밥을 먹는다. 산모가 후산한 태는 마당구석에서 왕겨불로 태운다. 금줄을 친다. 사내아이면 고추와 숯을 왼새끼에 세 개씩 꼽고, 여자아이면 솔가지와 숯을 각각 세 개씩 꼽는다.

넷째, 산후 금기사항으로, 부정하거나 초상집에 다녀온 사람의 출입제한. 비린내 나는 음식과 초상집 음식은 먹지 않는다. 살생금지. 빨래금지. 기름 냄새나, 악취를 풍기지 않는다. 울음소리를 내지 않는다.

다섯째, 산모의 젖이 부족할 때 에는 3일째 젖을 물리는데 너무 많으면 짜서 굴뚝에 버리던가 산모가 먹고, 부족하면 삼신께 빌고 부정을 풀거나, 돼지족을 고아 먹는다. 닭고기는 먹지 않고 소고기를 푹 고아 먹는다.

※ **육아 풍속**

첫째, 아기 이름 짓기로 남자아이는 집안의 항렬자(돌림자)를 넣어짓고, 여자 아이는 부모의 뜻에 따라 짓는다. 보통 애명과 호적(족보)이름을 따로 짓는다. 딸이 많은 집안에서는 아들 낳기를 바랄 때 색다른 이름을 짓기도 한다. 필자의 누님과 여동생의 이름이 셋째누님은 종예(終禮)이고, 넷째 누님은 필녀(畢女), 여동생은 우녀(又女)로 호적에 출생신고 돼 있다. 물론 애명은 부르기 좋은 이름이 따로 있었다. 세 사람의 이름이 하나 같이 딸로는 마지막이기를 비는 이름이었다.

둘째, 100일 잔치를 한다. 아기 낳은 지 한 이래가 지나면 금기사항은 거의 풀린다. 100일이 되면 백일잔치 또는 백일상을 차려 준다. 백일 옷은 백일까지는 흰색 옷을 입혔으나, 백일부터는 비단옷도 입힌다. 백일 음식으로 필수적인 떡은 백설기와 수수팥떡이다. 미역국 등 각종 음식을 이웃과 나누어 먹었다. 요즈음은 음식점에 가서 백일 잔치하는 집도 있다. 백일 음식을 얻어먹은 사람은 돈이나 물건으로 답례를 한다.

셋째, 돌잔치를 한다. 돌잔치에는 화려한 옷을 해 입힌다. 돌 음식에는 백설기, 수수팥떡, 송편, 인절미 등과 푸짐한 음식을 마련한다. 음식점에서 돌잔치할 때에도 돌상은 꼭 차려 준다. 상에 놓은 물건을 아기가 잡는 의식을 한다. 잡는 물건에 따라 아기의 장래를 점치는 것이다. 돌 음식도 얻어먹으면 답례를 한다.

2. 혼인의례

혼인은 인류대사다. 혼인에 대한 상신동의 풍습은 좀 다르다. 1950년대 이후는 전래의 풍습이 바뀌기는 했으나, 몇 가지는 지금도 잘 지키고 있다. 1세기 동안의 혼인 풍습을 주요 행사별로 설명한다.

※ **중매결혼** 혼인은 상대가 있어야 한다. 상대를 고르는 행위에 따라 중매절차도 다르다. 중신애비나, 중신에미가 있어야 했다. 중신은 중신하는 사람의 안목에

따라 평가된 집안을 소개하고, 양 당사자의 인물소개를 할 정도의 친분을 가진 사람이 했다. 상신동의 중매결혼의 특징은 이웃동네와는 별로 인연이 없었던 것 같다. 원평, 내곡, 외북, 평리, 문암, 송절 등 아웃동네로 장가나 시집간 사람은 적다. 상신에는 서촌댁이 많다. 서촌과 신촌으로 장가 간 사람이 많고, 멀리는 증평, 괴산, 남일면 등으로 장가간 사람도 있다. 중매인이 양가를 다니면서 결혼 승낙이 되면 우선 부모 중 한 사람이 상대편 가정을 방문하여 양 당사자를 확인하는 절차를 치르고, 마지막으로 당사자들끼리 맞선을 보게 된다. 맞선도 1940년대 이후 시작되었으며, 필자는 1953년에 장가를 갔는데 맞선도 못보고, 초례청에서 처음으로 신부를 보았다. 결혼 당일 저녁식사를 하는데 처가의 배려로 겸상을 받고 처음으로 마주 앉아 밥을 먹었다. 나 뿐 아니라 그 무렵까지 결혼한 사람 대부분이 맞선을 보지 못했다.

※ **연애결혼** 요즈음의 대세는 연애결혼이다. 결혼할 사람이 사귀던 사람과 결혼하려면 양가부모의 동의가 있어야 하기 때문에 합의 후 양가의 부모에게 소개를 한다. 특별한 경우가 아니면 부모는 반대를 하지 못한다.

※ **결혼 절차** 약혼이 되고, 결혼 절차가 시작되면 중매결혼이나, 연애결혼 절차는 같다. 사주단자를 보내면 택일이 온다. 결혼식 날을 정하는 것을 택일이라 하여 신부 집의 권한 같으나, 양가의 합의에 의하여 결정 된다. 결혼 전에 신랑 집에서는 신부의 혼수를 함에 넣어 보낸다. 상신동에서는 전통 혼례식을 할 때에는 함진애비가, 혼례식 직전에 신부 집에 전달했다. 요즈음은 신랑 친구가 결혼식 전 날이나, 미리 신부 집에 전달하는데 경우에 따라서는 신랑이 친구와 함께 전달하기도 한다.

※ **결혼식** 1970년대 까지는 대부분 전통 혼례식으로 했다. 신랑이 신부집으로 장가를 오면 안마당에 차일을 치고, 초례청을 차리고, 혼례식을 치렀다. 집이 좁은 가정은 마당이 넓은 집의 마당을 빌려 초례청을 꾸미는 일도 있었다. 이것을 "마당을 빌린다"고 했다.

※ **신방차례**(新房茶禮) 결혼식이 끝나면 신부 집에서 첫날밤을 지낸다. 요즈음은 신혼여행을 가지만 1950년대 까지는 전통식 혼례거나 예식장 결혼식이나 모두

신부 집에서 첫날밤을 치렀다. 밤이 되면 신랑은 신부가 대기하고 있는 신방으로 들어간다. 이때 간단한 주안상을 차려 놓고 술이나, 식혜나 차(茶)음료를 마시며 수작을 부린다. 주안상을 물리고 옷을 서로 벗겨주고, 양말과 버선도 벗겨준다. 촛불을 끄고 잠자리에 든다. 촛불은 입으로 불어서 끄면 안 된다. 신랑 신부에게 주안상 차려주는 것을 상신동에서는 신방의 예(禮)라 하여 반드시 시행하고 있다. 신방차례는 신랑은 왕이고, 신부는 왕비로 여겨 결혼일 하루 밤만이라도 임금 같은 귀한 대접을 하려고 궁중다례를 모방하여 붙인 이름이다. 상신동에서는 첫날밤에 성행위를 하지 않는 풍습이 있었다.

* **신행** 첫날밤을 지낸 신랑 신부는 신랑 집으로 간다. 이것을 신행이라 하며 신부의 부친이나 혈육의 후행이 따른다.

* **폐백**(幣帛) 신랑, 신부가 신행하여 신랑 집에 오면 시부모님께 폐백을 드린다. 신부는 신행할 때 친가에서 마련한 폐백 음식(술과 대추, 밤, 고기포 또는 닭고기)을 시부모님께 올리며 첫 인사를 드린다. 시부모에게는 사배를 하고, 시조부모와 시가 어른들에게는 절을 한번 한다. 신랑의 형제들과 첫 대면할 때에는 맞절을 한다. 폐백 순서는 신랑 집 대청이나 안방에 폐백상을 차려 놓고, 수모의 도움으로 예를 올린다. 4배가 끝나면 대추를 싼 보자기는 시아버지께 올리고, 고기를 싼 보자기는 시어머니께 올린다. 시아버지는 근봉된 보자기를 풀러 대추를 꺼내 신부의 치맛자락에 던진다. 건강한 아들을 낳으라는 덕담도 한다. 시어머니가 받은 고기 보자기는 수모의 도움으로 푸르고, 고기(소고기포 또는 닭)를 시어머니께 올린다. 시어머니는 그 고기를 시아버지 술안주로 드리고 폐백상에 있는 음식으로 잔치를 한다. 폐백을 신행 후에 하는 풍습은 새 며느리가 자기 아들과 동침을 한 후에야 자기집 식구가 됐다고 생각하여 신행 후에 폐백을 올렸다. 상신동에서는 형편상 신랑 집에서 혼례식을 올린 때에도 신방차례를 한 다음날 폐백을 받았다. 요즈음에는 예식장에서 기념사진 촬영이 끝나면 바로 폐백실에 가서 신랑신부가 함께 부모님께 절 한 번하는 것으로 대신하고 있으나, 전통 혼례의 폐백은 부모님께 인사드리고, 일가친척 모두와 첫 상견례하는 절차였을 것이다.

※ **재행** 신부가 신랑 집으로 신행한 후 7일 이내에 신부 집으로 다시 간다. 신부 집에서는 친척과 이웃이 모여 신랑과 낯을 익히려 신랑을 다룬다. 다루면 장모는 사위 고통받는 것이 안타까워 주안상을 차려 잔치를 한다.

※ **데릴사위** 딸만 있는 집에서 농경시대에는 농사일을 할 일꾼이 필요하여 사위를 신부 집에 살며, 농사일을 하도록 노동력을 확보하는 방법으로 고안된 제도인 듯하다. 결혼식이 끝나면 신행을 하지 않고 신부 집에서 산다. 데릴사위로 오는 사람은 남자 형제가 많고, 농토가 적은 집안에서 데려왔다.

※ **민며느리** 데릴사위와는 반대로 신부 집 형편이 나쁘거나, 어린 고아를 데려와 집안 살림이나, 농사일을 가르친 다음 나이가 차면 아들과 결혼시키는 제도로 상신동에 민며느리로 오거나 간 사람이 있었다. 이제도는 예부혼(豫婦婚) 또는 예부제(豫婦制)라 하여 매매혼의 일종으로 간주되고 있었으나, 상신동의 민며느리는 가난한 집안의 딸을 먹는 입을 줄이고, 혼인비용을 부담하기 어려워 어린 딸(12~15세 정도)을 미리 보내던가 데려왔다고 한다. 민며느리와 달리 신부 집의 형편이 나빠 결혼 비용을 줄이려고, 신부를 신랑 집으로 데려다가 신랑 집에서 혼례식을 치르는 경우도 있다. 이것을 "싸 데려 온다"고 한다.

※ **회혼례** 회혼례는 결혼 후 60년이 되는 해 신랑 신부가 해로(偕老)하고 있을 경우, 결혼 일에 자손들이 부모의 장수를 축하하는 뜻에서 마련하고 있으나, 조선조에서는 고을원이 챙겨주었다고 한다. 그 동안 상신동에서 60년 이상 해로하고 있는 사람은 강종원과 필자 등 몇 사람 되지 않지만 회혼례는 하지 못했다.

3. 생일축의

생일은 사람이 세상에 태어난 날을 말한다. 어릴 때는 아기가 사람 구실할 수 있게 건강하게 자라기를 기원하고, 훌륭한 사람이 되기를 기원 하는 뜻에서 10살 정도까지는 생일 떡을 해 주었다. 생일 떡은 수수팥떡과 송편을 해 주었다. 유아 사망률이 높았던 시절에는 홍역을 잘 치러야 사람 구실을 할 것으로 여겼다. 누구나 생일을 기억하고 생일상을 차려 주지만, 어렵던 시기에는 성년의 생일은 거의 잊고 지냈다. 다만 육순과 회갑, 진갑, 칠순 등 장수를 기원하는 생일잔치는 자손들이 차려 주고 있다.

※ **육순잔치** 나이 60세가 되는 해의 생일에 차려 주는 잔치로 상은 차려도 술잔을 올리고, 절을 하는 풍습은 없었다. 생일이 삼복 중이거나, 엄동일 때에는 생일 전에 날을 받아 생일잔치를 하였다.

※ **회갑**(환갑)**잔치** 회갑잔치는 태어 난지 61년이 되는 해의 생일에 자손들이 부모의 무병장수를 기원하는 잔치를 한다. 산 사람에게는 잔을 올릴 때 술잔을 올리고, 절은 한 번 하지만, 환갑잔치에서는 절을 두 번한다. 절을 두 번하는 경우는 제사지낼 때 절하는 의식으로 죽은 사람에게는 절을 두 번한다. 조상의 산소에 성묘할 때에도 절을 두 번한다. 결국 환갑잔치는 산 사람 제사지내는 꼴이 된다.

※ **진갑잔치** 회갑잔치를 한 이듬해 생일에 부모님의 무병장수를 비는 생일잔치를 한다. 환갑이 지나면 생의 정년이 지나고 새로운 인생을 살기 시작한지 1년이 되는 날이라고 여겨, 푸짐한 생일상을 차려 올리고 잔치를 했다. 최근에는 육순이나 진갑잔치를 하는 집이 별로 없다.

※ **칠순잔치** 인생칠십고래희(人生七十古來稀)라 하여 "옛날부터 칠십을 넘긴 사람이 귀하다"라는 고사성어도 있다. 칠십을 넘긴 부모를 모신 자손이 부모의 장수를 축하하고, 더욱 무병장수하기를 기원하는 잔치를 했다. 요즈음은 고희잔치라 하여 77세가 되면 푸짐한 생일상을 올리기도 한다.

※ **팔순**(傘壽)**잔치** 팔순잔치는 부모님이 80회 생일에 올리는 생일상으로 일가친척과 부모의 동년배 친구들을 모시고 잔치를 한다.

※ **미수**(米壽)**잔치** 미수는 근년에 생긴 수연(壽宴)으로, 팔십팔(八十八)이 쌀미(米)자를 닮았다고 해서 붙인 이름이며, 평균 수명이 지금보다 낮았던 시기에는 70살도 드믄데 88살은 더욱 없었을 것이다. 미수잔치도 한다.

※ **백수**(白壽)**잔치** 부모님의 99세 생일에 생일상을 차려 드리고, 잔치도 한다. 99세를 백수라 하는 것은 한자의 일백백자(百)에서 위에 있는 한일(一)자를 빼면 흰백(白)자가 된다. 100살을 넘기도록 장수하기를 기원하며 생일상을 차려 드린

다. 부모님은 자손의 효도가 없으면 장수하기 힘들다 하여 부모의 장수를 자랑스럽게 생각한다.

4. 상제의례

사람이 세상에 태어나 한세상 살고나면 누구나 죽음을 마지하게 된다. 이것이 인생의 마지막이며, 부모 형제와 자손들과 영원한 이별을 뜻하기 때문에 우리 조상들은 죽음의 의례를 중하게 여겼다. 고인의 명복을 빌고 인생 다음의 생이 있다면 좋은 세상으로 가시기를 기원하며 장례와 제례를 엄숙하게 거행하고 있다. 장제의례를 상례와 제례로 나누어 상신동의 최근 장제문화를 상세하게 소개한다(진주 강씨 현령공파 가례집 상례편람 참조).

(1) 상례(喪禮)

＊ **임종**(臨終)　사람의 운명시간이 임박하면 자손들이 모여 운명하는 순간을 지켜본다. 이것을 임종이라고 한다. 자식으로서 임종을 못하면 불효한 것으로 여겨 오랫동안 가슴에 한이 맺히고 산다. 종신(終身)이라고도 한다.

＊ **초혼**(招魂)　고복이라고도 한다. 사람이 운명하면 고인의 상의를 가지고 지붕위로 올라간다. 왼손으로는 옷깃을 잡고 오른손으로는 옷 허리를 잡고 북쪽을 향하여 고인의 주소 성명을 대고, 복(復) 복 복하고 세 번을 부른다. 이것을 초혼이라 하며 육체에서 나간 혼이 다시 육신으로 돌아오기를 기원하는 의식이다. 북쪽을 향하는 것은 사람이 죽으면 북망산천(北邙山川)으로 간다고 여겨 북쪽을 향하여 떠나지 말고 다시 오라고 외치는 것이다. 고인의 옷은 초상을 치를 때까지 지붕 위에 놓아둔다.

＊ **수세걷기**　수세를 걷는 것은 망인의 손과 발을 바르게 거두고 끈이나 창호지를 꼬아 묶는다. 인체에 있는 장기와 통해 있는 입, 항문 등에서 오물이 새어나오지 못하도록 한다. 이것을 수세라 한다.

※ **사자밥** 저승사자가 망인의 혼백을 모시러 왔다고 생각하며 저승사자에게 식사 대접을 하는 것으로 대문 밖에 상을 놓고, 식사와 짚신과 노잣돈을 함께 놓아둔다.

※ **염습**(殮襲)**과 입관**(入棺) 염습은 습염이라고도 한다. 습은 망자의 시체를 향물로 목욕시키는 절차를 말하고, 염은 소렴과 대렴으로 구분한다. 소렴은 망자가 입고 있는 평상복을 수의로 가라 입히는 절차고, 대렴은 소렴한 시신을 이불로 싸고 단단히 묶는 절차를 말한다. 옛날에는 습과 소렴 대렴을 따로 하였으나 요즈음은 입관까지 동시에 진행한다. 입관은 대렴이 끝난 시신을 관에 넣는 것을 말하며 입관이 끝나면 상주들은 상복으로 갈아입는다. 상복을 입고 상주들은 처음으로 대성통곡하며 이 세상을 영원히 떠난 망자와의 이별을 애통해하면서 제를 올린다.

※ **장례일** 장례는 고인이 운명한 뒤 몇 일만에 하는가에 따라 삼일장, 오일장 칠일장 등으로 구분된다. 최근에는 삼일장이 보편화되고 있다.

※ **장례식** 장례식은 병원 등 장례식장에서 치르기 전에는 망자의 집에서 출상하였다. 최근에는 장제에 관한 법률 등에서 장제 절차를 표준화하려 노력한 결과 많은 변화가 있었다. 장례식장에서 하는 절차도 각종 종교의식에 따라 다르고, 전통 풍습대로 하는 장례절차는 차츰 감소하고 있다. 상신동 사람들은 기독교 의식에 의한 장례절차를 선호하고 있다.

※ **매장**(埋葬)**과 화장**(火葬) 청주시 목련공원의 화장장이 생기기 전에는 매장이 대세였으나, 지금은 화장이 압도적으로 많다. 상신동의 대성인 진주 강씨 남곡공파 묘원 관리규정을 보면, 종산에 납골묘원을 만들어 놓고, 종산에 입산할 수 있는 자격을 화장에 한하며, 납골시설은 기당(내외 합장) 3평방미터로 정하고 있다.[2]

2) 납골공원묘원관리규정 제2장 참조

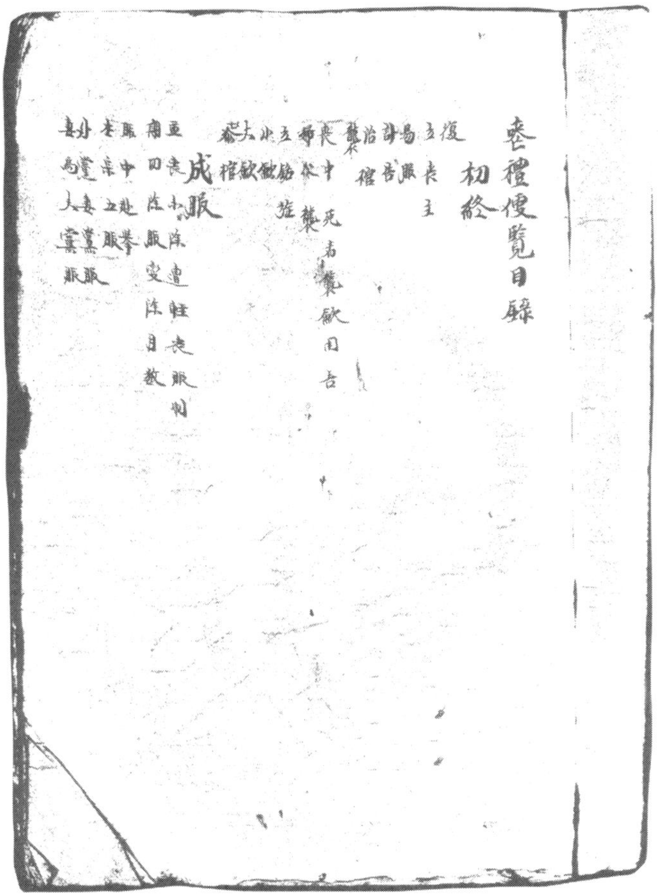

강씨(姜氏) 가례집 상례편람 목차일부

(2) 제례(祭禮)

※ **삼우제**(三虞祭) 삼오제라고도 한다. 삼우제는 장례식을 마치고 매장이나 납골묘(당)에 안치한날의 이틀 후 묘에 가서 지내는 제사를 말한다. 삼우제가 생긴 유래에 대하여 상신동에서는 매장하고 봉분제를 끝내면 상주들은 하산한다. 산역하는 사람들이 만들어 놓은 분묘가 동물들에 의하여 훼손되지 안했나, 잔디는 잘 입혔나 등을 살피기 위하여 산소를 찾아 가는 것이라 했다. 옛날(쥐약이 사용되기 전)에 상신동 인근 야산에는 여우가 많아 새 분묘가 생기면 굴을 뚫고

시신을 훼손하는 일이 있었다. 쥐약이 보급되어 많은 쥐가 몰살 되던 해 겨울, 그 쥐를 잡아먹고 죽은 여우 여러 마리가 상신동 인근 밭에서 발견된 후로는 분묘가 훼손되는 일은 없어졌다.

* **49제** 망자가 운명한 날로부터 49일째 되는 날에 지내는 제사를 말한다. 49제는 불교의식이 제례에 보급되면서 생긴 제사로 최근에는 49일에 탈상을 하는 집이 있다.
* **100일제** 49제와 마찬가지로 100일째 되는 날에 지내는 제사로 전통풍습은 아니다. 100일 탈상도 한다.
* **소상**(小喪) 망자가 운명한지 1년이 되는 날에 지내는 제례로 소기라고도 한다. 1년 탈상도 했다.
* **대상**(大喪) 망자가 운명한지 2년이 되는 날에 지내는 제사를 말한다. 이날 탈상 하는 것으로 진주 강씨 가례집에서도 정하고 있다.
* **기제**(忌祭) 탈상한 다음 해 부터는 매년 돌아가신 날의 전날 밤에 기제사를 지낸다. 보통 4대조까지 기제사를 모시고, 5대조부터는 시향(시제)에서 일괄 제례를 모신다.

제2절 민속신앙

1. 민속신앙의 종류

우리나라의 민속신앙은 매우 다양하다. 지역에 따라 다르고 시대에 따라 다르기 때문에 1900년대 이후 상신동에서 성행하던 민속신앙이 어떤 동기와 노력으로 없어졌는가를 살펴보기로 한다.

상신동에서 민속신앙(민간신앙)이 없어진 것은

첫째, 기독교의 영향이 크다. 1920년대 상신동에는 무속인이 있었다. 병이 나거나, 궂은일이 생기면 굿을 하였다. 병이나 흉사가 굿으로 치유되는 것이 아니기 때문에, 굿의 피해를 막으려 진주 강씨 문중에서는 굿을 좋아하는 아녀자를 기독교에 귀의시키려 노력하여, 신기가 있는 분은 물론 다른 아녀자들도 기독교에 귀의하면서 굿이 없어졌다.

둘째, 왕신 같이 조금이라도 서운하게 하면 동티가 나는 가신을 없앴다.

셋째, 무후하여 제사를 지내지 않는 조상에게는 족보상 사후양자로 대를 잇게 하였다.

넷째, 청춘에 자손을 생산하지 못하고 돌아가신 할머니의 산소가 일제의 외북리 공동묘지 조성으로 종산이 없어지면서, 실전됐던 할머니들의 산소를 찾던가 할아버지 산소에 가 신위를 합장하여, 왕신에서 조상으로 모시는 기회를 마련했다. 그 외의 가신은 대부분 새로 시집온 신부로 하여금 치우게 하여 해코지하는 가신을 일소했다. 상신동에는 가정 수호신은 있었으나, 마을 수호신인 산신제 등은 없었다.

2. 가신의 종류

※ **삼신** 삼신은 삼신할머니, 삼신할아버지, 삼신할매라고도 하며 태를 보호하는 가신을 삼신이라고 하였다. 임신도 삼신할머니가 점지해주어야 임신이 되며, 출산하면 바로 삼신할머니한테 밥과 미역국을 올린 다음, 그 미역국을 산모가 먹어야 젖이 잘난다고 했다. 한 이래, 두 이래, 세 이래 날에도 삼신할머니한테 밥과 미역국을 올렸다.

※ **터주** 터주는 가정의 안녕과 화평을 지켜주는 가신이다. 토주, 지신, 터줏대감, 터주가리라고도 한다. 장독대 뒤에 항아리에 쌀을 담아 다음해 햇곡이 나올 때까지 신체로 모신다.

※ **성주** 집의 건물을 보호하는 가신이다. 집에 있는 크고 작은 건물마다 성주가 있다고 생각했다. 성주는 주로 대들보 상량할 때 받아들이지 않으면 오지 않는다고 한다. 상량할 때 상량문을 쓰고 고사를 지내는 의식도 성주를 모시는 의식이다.

※ **조왕** 조왕신은 부뚜막에 앉아 주부를 보호하는 역할을 하는 가신이다. 조왕에게 빌 때에는 흰 그릇에 정화수를 떠놓고 정성껏 비는 대상이 조왕신이다.

※ **왕신** 집안의 조상 중 억울하게 죽거나 미혼으로 죽어 기제사에 모시지 못하여, 매우 까다롭고, 동티가 잘나는 가신이다. 장독대 뒤에 항아리에 쌀을 넣어 왕신을 모시는 형태였다. 집 바깥에서 물건이나 음식이 들어오면 가장 먼저 왕신에게 바친 후 사람들이 사용했다.

3. 가신에 기원하는 형태

※ **비손** 손을 합장하고 비는 것을 비손이라고 한다. 가장 손쉽고 남의 손을 빌리지 않고도 주부 혼자 할 수 있어 가장 많이 하는 기원 형태다. 가을떡을 하여 안택이나, 고사를 지내지 않을 때에는 떡시루 위에 흰 그릇에 정화수를 떠 놓고, 주부가 비손을 하며 한해 농사를 무사히 마칠 수 있게 해준 가신들에게 비나리를 한다.

※ **고사** 고사는 가신들에게 올리는 종합적인 제사로 시월상달과 정월보름에 지낸다. 안택고사도 한다. 가을 고사에는 떡을 세 시루 혹은 다섯 시루를 한다. 그 중 한 시루는 백설기를 하며, 이것은 터주신에게 바친다. 나머지 시루는 팥을 넣은 시루떡으로 대청이나 안방에 올리고 시루 위에는 북어와 주발 두 개, 수저 두 벌과 명주실을 얹는다. 고사는 주부가 지내며, 무당을 부를 때도 있으나, 상신동에는 1920년대에 무당이 없어졌기 때문에 안주인이 비나리를 했다.

※ **안택** 안택은 집안을 평안하게 하는 굿으로 종합제의의 성격이 있었다. 안택은 경객(정각쟁이)을 초빙하여 진행하는 앉은굿이다. 상신동에는 안택을 전문으로 하는 경객이 있었다. 안택경을 암송하며 북과 꽹과리를 치면서 진행했다. 안택은 매년 하지 않고 2년에 한 번하던가, 3년에 한 번하였다. 상신동의 안택은 10월 안택이 많았으며, 10월 안택을 무고안택(無故安宅)이라고 하며, 정월 안택은 도액안택(度厄安宅)이라고 한다.

* **고수레**(고시네)　고수레란 들이나 산에서 식사를 하기 전에, 먹을 음식을 조금 떼어서 허공에 떠다니는 여러 신에게 바쳐, 음식을 먹고 탈이 나지 않게 해달라고 기원하는 속신이다. 음식을 조금 떼어서 "고시네"하고 기원하면서 바친다. 보통 고시네하면서 던진다. 이 풍습은 지금도 들에서 밥 먹을 때하는 사람이 있다.

4. 부정과 동티

가신의 영향은 두 가지로 분류된다. 하나는 빌거나 위해주면 가정의 평안과 복을 주는 가신이 있고, 두 번째는 부정을 타거나, 가신을 서운하게 하여 노여움을 받으면, 재앙이 유발된다고 생각되어 위해주는 가신이 있다.

* **부정**　부정(不淨)은 깨끗하다의 반대 개념인 더럽다는 뜻이다. 부정을 타는 경우는 더러운 곳에 가던가, 시체를 보거나, 피를 본 경우와 같이 오염될 수 있다는 생각에 멀리하라라고 한다. 부정은 정신적인 부정과 물리적인 부정으로 나눌 수 있다. 나쁜 즉, 공서양속에 반하는 생각도 하면 안됐다.
* **동티**　동티는 부정하다든가 하여 가신의 노여움을 받아, 질병이나 액운이 온 경우를 말한다. 동티가 나면 무당을 불러 굿을 하거나, 동티를 잡는 행위를 했다. 나무장목이나 나무동티를 예방하려 변소나 헛간 같이 지저분한 곳의 수리를 위하여 새 재목을 처음 사용할 때에는 나무마다 "王天子奉木"이라 써서 미리 방지했다.

제3절 사투리

상신동에는 사투리가 많다. 조국 광복 후 정규 학교교육을 받은 사람들은 표준어를 많이 쓰지만, 습관적으로 가족이 모이면 충청도 사투리를 많이 사용하고 있다. 특히 노년층에서는 거의 사투리를 표준어로 생각하며 일상에서 사용한다. 필자는 고향을 떠나 서울로 이사한지 55년이 자나 상신동의 사투리를 많이 잊어, 여기서는 기억하고 있는 사투리를 정리하여 소개한다.

▌상신동 사투리 모음

표준어	사투리	뜻	비고
갈겨니	갈라리	피라미의 숫놈	
길마	질마	소 등에 짐을 실을 때 사용하는 도구	
그저께	그제	2일 전	
김치	짐치		
꽹과리	깽매기	사물놀이 도구	
끄리	북치리	민물고기, 피라미보다 크다.	
나무	낭구	木	
내일	낼	來日	
넓은 가래	하가래	냇골팔 때 쓰는 가래. 5명, 7명용이 있다.	
놋양푼	갱병드리	놋쇠로 만든 대접보다 큰 그릇	
동자개	동작어	빠가사리, 민물고기의 일종	
두레	고리투레	두 사람이 물을 퍼 올릴 때 쓰는 두레	
두레박	타리박	우물에서 물을 퍼 올릴 때 쓰는 도구	
뜰	뜨랑		
마을	말, 마루		
머슴(단기)	높	날품팔이, 단기 고용인부	
목살	목항지	돼지의 목부분 고기	
무	무수		
반찬	건건이	간단한 반찬	

▌상신동 사투리 모음

표준어	사투리	뜻	비고
밭벼	산도	山稻, 밭에 심는 벼	
배바지	업전	개나 돼지의 복부 고기	
배추	배차		
벼타작 잔재	북띠기	벼 검불, 북데기	
보통	여늬	普通	
상여	행상	喪輿	
상추	부루		
상추줄기	부루똥		
샘	샴	井 우물	
써래	쓰래	논이나 밭을 고르는 농기구	
소댕	소두방	솥 뚜껑	
올미	올무	수초로 뿌리부분이 둥굴며 먹을 수 있다.	
왕겨	왕개	벼의 겉껍질	
자배기	너리기	옹기그릇의 일종. 입이 큰 옹기그릇	
장다리	장아리	무, 배추의 꽃대	
절구공이	절구땡이		
점줄종개	지름챙이	강 미꾸라지	
제사	지사	祭祀	
조	스슥	곡물	
쥐눈이콩	주년이콩	콩나물용 콩	
지개바구니	소구발이	지개에 짐을 질 수 있게 하는 도구	
채소	나무새		
채소밭	채마밭	나무새밭, 소규모 채소밭	
피라미	치리	민물고기의 일종	
형	성	남자 한부모가 먼저 나은 남자를 부르는 말. 여자가 한부모가 먼저 나은 여자를 부르는 말. 여자가 손윗동서를 부르는 말	
고수레	고시네	야외에서 음식을 먹기 전에 음식을 떠 신에게 바치는 속신	
무릇	물곳	다년생 숙근초	

제4편

생활환경의 변화와 대책

제1장
생활환경의 변화

제1절 공단의 확장과 교통의 중심지(요충지)

상신동은 주변의 변화로 인하여 10년 후의 모습을 예견하기 어렵게 되었다. 현재 진행 중인 변화와 앞으로 닥칠 변화로 마을 자체가 존폐위기에 처하게 될지도 모르기 때문에 그 대책을 시급히 마련하여, 상신동을 영원히 보존할 수 있도록 하여야 할 것이다.

상신동 주변의 예상되는 변화를 요약하면 다음과 같다.

첫째, 공단 특히 청주테크노폴리시의 확장이다. 현재 진행 중인 구역 외에 1차 확장계획(안)이 마련되어, SK하이닉스 공장부지가 확장되고. 현재 입주를 원하고 있는 기업이 증가하고 있어, 2차 확장계획이 마련된다면, 상신동은 도시 속 농촌으로 주변이 모두 공장 지역 또는 도시(공단 배후시설 지역)화 할 것이다. 현재 진행 중인 공단도 상신동에서 도보로 5분이내의 거리에 접해 있고, 더욱이 충북선 북청주역이 신설되면 역 주변 시설이 상신동 구역까지 침범할 가능성이 있다.

둘째, 중부고속도로 서청주 IC 이설로 상신동 구역에 나들목이 생기면, 상신동은 청주테크노폴리스 진입도로, 청주외곽순환도로와 청주테크노폴리스 교차로 등의 용지로 많은 농지가 감소된다.

셋째, 충북선 북청주역이 생기면 역과 청주도심을 연결하는 도로가 필요하여 상신동 주변은 도로 천지가 되고, 그에 따른 진출입로도 상신동 구역에 설치하게 되어 있어, 청주지방에서는 제일가는 교통의 요충지가 될 전망이다.

제2절 농지의 감소

상신동은 지리적 특성으로 매년 농지가 감소하고 있다. 감소 원인은

첫째, 도로 등 교통망의 확장이다. 최근에 개설한 청주테크노폴리스 진입로 공사와 청주외곽 순환도로로 인한 농지의 잠식이 있고, 청주시에서 추진하고 있는 충북선 북청주역 신설에 따른 농지의 잠식, 중부고속도로 서청주 IC 이전으로 인한 농지의 잠식이 예견된다.

둘째, 공업용지의 확장이다. 청주테크노폴리스 공단신설공사가, 완공되기도 전에 1차 확장(안)의 검토가 끝나, 머지않아 실시할 계획이고, 앞으로 청주 주변 공단을 확장하려면 공단 주변의 토지가 별로 없다는 사실이다. 상신동과 주변마을 및 미호천 평야의 토지까지 도시화 또는 공단 배후시설용지 등으로 수용되지 않을까 염려된다. 이렇게 되면 상신동은 농촌으로서의 기능은 상실되고, 도시 속 농촌으로 변할 가능성이 있다.

제3절 주민의 고령화와 영농인력 부족

농가소득이 일반적으로 도시 근로자보다 적기 때문에 농민은 상대적 빈곤감을 느끼며 살고 있다. 젊은 사람이나 농업 외 생활 수단을 가진 젊은이는 농촌을 떠나고, 고령의 인력만 남게 되었다. 상신동은 특히 심한 것 같다. 젊은 부녀자들도 거의 농사에 종사하지 않고, 건축기능공이나 공장 노동자로 변신하였다. 상신동에는 여성 건축기술자가 여러 명 있다. 기술 종류도 다양하다. 벽돌 조적공, 미장공, 도배공, 도장공, 자동차운전 등 다양한 숙련 기술자가 여러 명이다. 이와 같은 현상으로 농사일을 하는 사람의 평균 연령이 높을 수밖에 없다. 결국 농업은 위탁영농이나 부분 외주방식의 농사가 되었다.

제 2 장

대책

제1절 생활환경 개선조건

상신동의 생활환경을 개선하기 위하여 우선 해결해야 할 일이 있다.

첫째, 도시형 생활기반을 마련하는 것이다.

도시형 생활기반은 상・하수도, 도시가스, 교통 등이다. 상수도는 들어와 있지만 하수 시설은 개방형이고 정비되어 있지 않다. 도시가스는 공단이 불과 200m 내까지 왔기 때문에 난방은 물론, 취사 등 생활용으로 반드시 들어와야 한다. 하루에 몇 번 오는 시내버스도 공단이 완공되면 출퇴근용으로 많은 증편이 요구될 것이다.

둘째, 마을의 청정화다.

상신동에는 공기를 오염시키는 가축의 사육시설과 재활용 물품 집하장이 있다. 이들 시설은 마을 밖으로 이전하던가, 타 업종으로 전업하도록 도와주어야 한다.

셋째, 마을의 녹화사업이다.

마을 주변의 산에 있는 나무는 수종을 갱신하여 편백나무나, 유실수 등으로 바꾸어야 할 것이다. 소규모의 휴양림을 조성하여, 상신동의 궁극적인 희망인 수익을 창출하는 마을로 만들기 위하여 공원화 된 마을로 가꾸어야 할 것이다.

넷째, 단순 농업에서 수익성 농업으로 전환해야 한다.

벼농사보다 수익성이 높은 농사를 하여야 한다. 영농조합 등 새로운 영농방식을 도입하여 수익성을 창조하여야 한다.

다섯째, 주민의 단결이다.

상신동은 진주 강씨 집성촌에서 차츰 그 점유비율이 낮아지고 있다. 예전 같으면 촌장격인 어른의 말 한마디로 일사분란하게 움직이던 마을이, 여러 가지 이유로 분열되고 있는 듯하다. 필자는 고향을 떠나 온지 55년이 되어 마을 사정을 잘 모르지만, 일 년에 몇 번밖에 안가도 마을 인심이 분열되고 있음을 느낄 수 있었다. 상신동은 위기에 처해 있다. 지금 단결하지 않으면 후회할 날이 멀지 않다는 것을 의식해야 할 것이다.

여섯째, "반찬등속"의 탄생지라는 자부심으로 활로를 찾아야 할 것이다.

"반찬등속"은 청주지방의 대표적인 음식문화를 가록한 서적이다. 그 책이 상신동에서 탄생하였다. 그 책에 있는 음식은 100년 전 청주지방의 양반가에서 먹던 대표적인 음식이라고 평가되고 있다. 그 음식을 상신동 사람들은 전혀 관심 밖의 일로 여기고 있는 듯하다. 우리가 무관심한 사이 타인들은 그 음식으로 돈도 벌고, 자기 상품화하려 노력하고 있는데 상신동 사람만 무관심하다.

제2절 개선을 위한 가정(假定)

상신동의 발전을 위하여 몇 가지 가정을 한다.
첫째, 중부고속도로 서청주 IC는 상신동 구역으로 결국 이전될 것이다.
둘째, 북청주역은 상신동 인근에 신설될 것이다.
셋째, 청주테크노폴리스는 결국 상신동 인근 마을까지 확장될 것이다.
넷째, 상신동은 공단의 배후 근린생활지역화 할 것이다.
다섯째, 독거노인은 증가하고, 평균수명은 연장되나 노동력은 계속 부족할 것이다.
여섯째, 벼농사의 수익성은 계속 낮아질 것이다.

위와 같은 가정 하에 상신동의 활로를 모색해 보려 한다.

제3절 영농방식의 개선

위에서 여러 가지 문제점을 검토한 바와 같이 상신동의 영농방식은 부득이 개선해야 할 처지에 놓여있다. 이미 많은 농가는 위탁영농으로 변하고 있어, 구체적인 대책을 마련할 시기가 된 것이다.
필자는 상신동의 영농방식을 법인 형태로 바꿀 것을 권한다.
영농조합 또는 농업회사법인은 상신동구역(타구역의 참여도 가능)에 농지를 소유하고 있는 사람으로 법인을 구성하고, "농어업경영체 육성 및 지원에 관한 법률"에 의한 농지의 출자가 아닌, 현금의 출자로 법인을 설립한다. 법인은 농사 일체를 위임받아 경작하고, 가을에 추수가 끝나면 비용을 제외한 수익금을 위탁농지에 비례하여 배분하는 방식의 영농방식을 권하고 싶다. 이렇게 하려면 기계화가 필수조건이다. 현재 상신동에는 농업용 기계류를 소유하고 있는 사람이 여러 명 있다. 이 경우 농기계를 인수하던가, 기계를 임차하면 될 것이다. 농기계를 집중관리하면 그 수명도 연장시킬 수 있고, 합리적인 관리도 가능하게 될 것이다.

그러나 상신동의 몇 농가는 경지면적이 넓어 농업법인 가입을 기피할 사람도 있다. 다양한 형태의 영농방식이 병존하면 발전적인 형태의 영농방식이 생길 수 있기 때문에 무리한 가입은 권하고 싶지 않다.

상신동에는 농업 집중화를 위한 기반시설이 있다. 창고가 있고, 농기계를 소유하고 있는 농가가 많다. 그러나 농촌진흥청산하 국립농업과학원이 제시한 "영농규모별 기계화 모델"에 의한 농기계 소요에는 미치지 못하고 있다. 영농조합 방식의 영농과 기계화를 위하여는 정부의 지원이 필수적이다. 현재의 농가 사정으로는 그 부담 능력이 없다.

제4절 독거노인의 공동생활

상신동의 인구는 2015년 12월 31일 현재 총 115명이며, 그 중 남자가 60명(52.2%), 여자가 55명(47.8%)으로 남자가 5명 더 많다. 75세 이상 노인 인구는 26명으로 전체 인구의 22.6%나 되며, 노인 중에는 여자가 16명, 남자가 10명으로 여자가 더 많다. 또 노인 중 혼자 사는 독거노인은 12명이며 남자는 2명 여자가 10명이다. 남자는 두 사람만 해로하지 못하고 있다.

겨울철 상신동 마을회관에 가보면, 주로 여자 노인들이 모여 화투나 윷을 놀며 시간을 보내고 있는 것을 볼 수 있다. 이들에게는 점심식사를 마을회관에서 제공하며, 저녁식사까지 마을회관에서 해결하는 사람이 있다. 남자들 중에도 마을회관에서 점심을 먹는 사람이 있으나 매일 오는 사람은 없고, 몇 사람은 거의 매일 술을 먹고 지낸다. 여름철에도 마을회관으로 모인다. 집에 있자니 더워 지내기 힘들어 냉방시설이 된 마을회관을 찾는 것이다.

이와 같은 비생산적인 노인의 생활을 개선하기 위하여 우리나라에서 현재 실시하고 있는 제도 중 상신동에서는 아직 시행하지 못하고 있는 제도를 살펴보았다. 경상남도 의령군이 2007년부터 시행하고 있는 "독거노인 공동거주제"가 전국적으로 확산되고 있어, 상신동에도 독거노인 공동거주제를 우리 실정에 맞게 개선하여 실시하는 것이 어떨까 생각해보았다.

상신동은 청주테크노폴리스와 인접하고 있다. 앞에서도 언급한바와 같이 상신동이 경제적 부를 창출하려면 그 공단에 이웃하고, 교통의 편리함을 장점으로 한 전원형 공단 근린시설마을로 변신할 것을 건의한다.

필자가 권하고 싶은 상신동의 개발형태는 다음과 같다.

제5절 상신동 개발계획(안)

1. 선행과제

- 마을의 청정지역화
- 소규모 휴양림 조성
- 농업법인을 만들고 위탁영농으로 전환
- 마을회관 확장과 마을공동체구성

2. 노인문제와 독거노인 소유 주택의 활용

- 독거노인 공동거주제 도입
- 독거노인소유 주택은 소규모 임대주택으로 리모델링하여 수익사업화
- 노인의 일거리 마련. 예를 들면 식당용 채소 등 공동생산
- 마을회관에 보건소 유치와 노인 소일거리 마련

3. 수익사업

- 공단 근로자에게 저렴한 임대주택 제공
- "반찬등속" 등 전통음식을 주제로 한 소규모 먹자마을 조성
- 벼농사 이외 다양한 작물 재배로 단위면적당 수익성 향상

4. 휴식 공간 마련

- 볼거리 마련(상신동 명소 10개소 건설)
- 삼방축과 장등 정상에 관망대 건설
- 농로둘레길 조성(마을회관-삼방축 전망대-상신들 농로-까치내 작천보-문암생태공원-수리조합수로길-상신동 선사시대 유적-남예 소나무-보존 우물-마을회관)
- 겨울철 얼음판 조성(전통 빙상놀이 경연대회 개최)

5. 기관 유치

- 농사박물관
- 향토음식연구소
- 보건소

6. 상신동 명소 대상지

- 장등 일출과 월출
- 삼방축 전망대 낙조
- 까치내 작천보
- 선사유적지(주거지)
- 남예 소나무
- 보존 우물
- 방죽 연꽃
- 전통음식 전문식당
- 가물치 요리 전문식당
- 보호수(성황당 터 조각자나무)

제 3 장

상신동 주민을 위한 제언

사람이 살려면 뜻이 있어야 결실이 있게 마련입니다. 먹고 놀다보면 남는 게 없습니다. 누워서 남의 탓하지 말고, 나아가 일거리를 찾으십시오. 상신동은 여러 가지 장점이 있는 마을입니다. 그 장점을 찾고, 더욱 강하게 길러 부를 창조하는 마을이 됩시다.

상신동이나 주변마을은 공단의 확장으로 장래에 보존할 것인가 아닌가를 검토하는 시기가 반드시 옵니다. 고향마을을 지키고 발전시키는 것은 여러분의 손에 달려 있습니다. 시간 여유가 없습니다.

단결하십시오.

뜻을 모으십시오.

"반찬등속"의 탄생지라는 장점도 있습니다.
마을의 풍수 지리적 장점이 있습니다.
공단을 빌미한 사업을 마련하십시오.
그리고 행동하십시오.
반드시 영광이 있을 것입니다.

참고문헌

- 청주 생활과 문화(청주시, 1997)
- 청주강서지(청주강서지 편찬위원회, 2000)
- 디지털청주문화대전
- 진주 강씨 현령공파 가례집 상례편람(1771)
- 월명산으로 소풍 까치내로 천렵(청주테크노폴리스, 2014)
- 한국민속문화대전
- 사진으로 보는 우리고장(청주시, 2008)
- 1910년대 청주지역의 음식문화(권선영, 2008)
- 반찬등속(청주시, 2013)
- 반찬ᄒᆞᄂᆞᆫ등속(청주 상신리, 1913)
- 지식백과
- 우리 모두의 백과사전(위키백과)
- Daum 아고라
- Daum 카페
- Daum 백과사전
- Daum 블로그
- 뉴스코리아
- 네이버 블로그
- 디지털타임스
- 민속문화대백과사전
- 조선요리제법(방신영, 1937)
- 청주상신동 유적(재단법인 한국선사문화연구원, 2014)
- 100년 전 음식을 보다(충북대 박물관, 청주반찬등속보존회, 2013)
- 한국의 민속(김성백, 집문당, 2001)
- 한국음식 기초조리(윤숙자, 2012)
- 한국의 세시풍속(김성원, 명문당, 1994)
- 민속놀이와 민중의식(김성종 외, 집문당, 1991)
- 철따라 살펴보는 세시순례(이수봉, 경인문화사, 2008)
- 100년전 충북의 옛 모습. 청주 청원편(정삼철, 충북학연구소, 2005)

필자이력

강광희

- 현) 세무사
  (사)청주반찬등속보존회 회장
- 전) 한국통신 부산사업본부장
  한국통신 인력개발실장
  (주)한국전화번호부공사 사장
  한국폴리텍대학(서울 강서캠퍼스) 객원교수

[상훈]
- 녹조근정훈장
- 공무원 창안상(은상)

반찬등속의 고향 청주 상신동의 100년

발 행 일 • 2016년 5월 10일

기 획 • (사)청주반찬등속보존회
저 자 • 강 광 희
발 행 자 • 최 봉 조
표 지 • 강 수 민
발 행 처 • 진샘미디어
주 소 • 서울시 은평구 연서로 5길 28 부호아파트 102동 상가5호
전 화 • 02)353-4421 / FAX 02)353-4431
홈페이지 • www.jinsaem.co.kr

신고번호 • 제311-2005-000025호
I S B N • 979-11-85504-63-6 93590

정가 18,000원